国家出版基金项目
NATIONAL PUBLICATION FOUNDATION

中國婦女問題

郭箴一◎著

山西出版傳媒集團
山西人民出版社

圖書在版編目(CIP)數據

中國婦女問題 / 郭箴一著. -太原: 山西人民出版社, 2014.12
(近代名家散佚學術著作叢刊 / 許嘉璐主編)
ISBN 978-7-203-08776-2

Ⅰ. ①中… Ⅱ. ①郭… Ⅲ. ①婦女問題-研究-中國
Ⅳ. ①D669.68

中國版本圖書館 CIP 數據核字(2014)第234771號

中國婦女問題

主　　編　許嘉璐
著　　者　郭箴一
責任編輯　張文穎

出 版 者　山西出版傳媒集團·山西人民出版社
地　　址　太原市建設南路21號
郵　　編　030012
發行營銷　0351-4922220　4955996　4956039
　　　　　0351-4922127(傳真)　4956038(郵購)
E-mail　sxskcb@163.com　發行部
　　　　　sxskcb@126.com　總編室
網　　址　www.sxskcb.com

經 銷 者　山西出版傳媒集團·山西人民出版社
承 印 廠　山西出版傳媒集團·山西人民印刷有限責任公司

開　　本　700mm×970mm　1/16
印　　張　15.25
字　　數　120千字
印　　數　1—3000冊
版　　次　2014年12月　第1版
印　　次　2014年12月　第1次印刷
書　　號　ISBN 978-7-203-08776-2
定　　價　34.00圓

《近代名家散佚學術著作叢刊》編委會

出版說明

近代名家散佚學術著作叢刊選取一九四九年以後未再刊行之近代名家學術著作共一百二十册，編例如次：

一、本叢書遴選之著作在相關學術領域具有一定的代表性，在學術研究方向、方法上獨具特色。

二、爲避免重新排印時出錯，本叢書原本原貌影印出版。影印之底本皆經專家組審定，原書字體大小，排版格式均未做大的改變，原書之序言、附注皆予保留。

三、本叢書分爲八大類，以作者生卒年編次。

四、爲使叢書體例一致，本叢書前言後記均采用繁體字排版。

五、個別頁碼較少的版本，爲方便裝幀和閱讀，進行了合訂。

六、少數學術著作原書内容有個别破損之處，編者以不改變版本内容爲前提，部分進行修補，難以修復之處保留缺損原狀。

七、原版書中個别錯訛之處，皆照原樣影印，未做修改。

八、所選版本之抽印本頁碼標注，起始至所終頁碼均照原樣影印，未重新編排標注新頁碼。

由於叢書規模較大，不足之處，殷切期待方家指正。

總序／

披沙瀝金，以爲鏡鑒

◇許嘉璐

多年來有一個問題始終在我腦中盤桓：爲什麽在十九世紀末到二十世紀初，在短短的幾十年裏，中國的各個學術領域竟涌現了那麽多大師級的人物？這是中國近代史上一個極爲重要的現象，我認爲，如果不能給出令人滿意的答案，我們撰寫的近代學術史將是不完整的，甚至是缺乏靈魂的。後來我知道，著名人類學家克羅伯曾提出過一個問題：爲什麽天才成群地來？看來這種現象的出現並非中國所獨有，思考其所以然的也大有人在。而在那一次世紀之交中國的情況，似乎應驗了「天才成群地來」這個令克氏久久不解的疑問。錢學森先生曾從相反的方向提出了相同的疑問：爲什麽我們這個時代出現不了杰出人才？後來人們稱這個問題爲「錢學森之謎」。

要回答這些疑問不是件容易的事。與其迅速地囫圇地探尋，不如先多了解那些讓中國近代學術（應該包括人文科學和自然科學）史上閃耀着光輝的大師們的作品和自述，從而在腦海里盡量「復原」他們所處的環境和在那種環境下的心理路徑，從中或許可以得到一些啓示。

有一點是顯然的，這就是他們雖然都已遠離塵世而去，但是他們獨立思考的品性、求知治學的真誠、困厄窮愁中對節操的堅守，恐怕是他們共同的主觀因素，一直影響到現在，而且將會永遠留存下去。

就思想界、學術界而言，二十世紀上半葉是一個新説和舊説碰撞，中學和西學融匯的大時代。那時的學人極爲重視言行操守，同時具備現代知識分子的理想信念；他們的學術研究十分純净，絶少功利因素；他們的視界開闊，以包容的心態和嚴謹的風格造就了成果的大氣與厚重。至於在客觀因素一面，他們實際是在用工業化時代的事實解説着太史公所説的名山之作「大抵聖賢發憤之所爲作」，困厄苦難使得他們「皆意有所鬱結」。這種鬱結，幾乎和個人的名利毫無牽涉，他們永遠不能釋懷的，是民族的存亡、國運的興衰、民衆的福禍和文脈的續斷。

那個時代也是近代歷史上最大規模的中西古今學術調適、創新的時期，學術方法上的交互滲透和融合、創新亦可謂「於斯爲盛」。斯時之學人是要在封閉的屋墻上鑿出窗子的勇士，是使人能够看看外部世界的第一批導夫先路者；或者可以説，他們是在「意有所鬱結」時「彷徨」和「吶喊」的「狂人」。

相對於那時的哲人們，後來者是幸運兒。現在的形勢是，近三十年來學界空前繁榮，衆多學科有了長足之進，其中很重要的一點是學界有了更新穎、更廣闊的國際視野，似乎接續上了百年前的學壇盛事。但細想想，「古」與「今」還是有差别的。其异，主要不在於世界情勢、學術進展、工具改善這些客觀存在，而在於在廣泛吸收各國優長的同時，自身文化的主體性越來越受到重視，換言之，「拿來主義」已經延長了「拿來」的程序，加上了試用、甄别、篩選、吸收、融合、成長。就我孤陋所見，在當今地球上，面向所有異質文明，努力汲取我之所缺，其範圍之大和心態之切，似乎無出中國之右者。從這個角度説，我們已經超越了前輩。但是事情還有另外一面，學術，特别是人文學科，其職業化、「沙龍化」和功利性，以及隨之而來的浮躁病却嚴重了。從這個角度説，是不是我們已經後退得够可以的了？而這是不是我們這個時代出不了大師的原因之一呢？

民國學術界的特點之一是極爲注重對傳統的反省、批判與繼承。他們對傳統文化盡最大的努力進行整理和研究。一方面，由於戰亂頻仍，民不聊生，學者們擔起了讓中華文化薪火相傳的歷史責任；另一方面，他們要通過對中國傳統文化的整理、挖掘來重振民族自信心。這一時期對傳統文化進行整理的全面而深入是前所未有的，舉凡文字學、語言學、經濟學、法學、哲學、政治制度、書法繪畫、金石學……規模之宏大，研究之精微，令人嘆爲觀止。

民國學術推動了現代學科體系的建立。在對傳統文化整理和研究的基礎上，吸收西方的文化思想和理念，推動和建立了中國現代學科體系。例如，在對語言文字和音韻學成果進行整理、研究的基礎上開始着手規範之，建立了國語學；深入研究書法、國畫，將其融入了現代美術學科；在廢除舊有學制後逐步建立起小、中、大學較完整的科目和學科體系。

民國學術也改變了傳統學術方式，建立了新的研究範式。以現代科學考古爲發端，科研的實踐和成果使中國知識界真正認識到在實驗、比較基礎上的邏輯分析對學術研究的重要，推進了中國學術的一大演變。至於我們常説的打破士大夫傳統、走出書齋到田野鄉村和市民中進行調查研究、結束了經學時代、以歷史眼光檢視儒學和諸子等等，都是確立新學術範式的努力。這一轉變，也標誌着中國學術界脱胎换骨，全面進入了現代，爲此後的學術發展奠定了堅實的基礎。當然，西方啓蒙運動以來，在「現代性」和「現代化」裏潛伏着的缺陷和謬誤也傳到了中國，這些不能不在前哲的著作裏留下痕迹。這並不奇怪。類似的情況，古往今來孰能免之？猶如今天的我們，誰敢自稱我之所見就是永恒的真理？在這個問題上兩個時代所異者，或許就在昔時大家創立新説或譯註西學著作，往往是懷着對學術和前哲的敬畏而爲之，故而常常誤不在我；當今則往往出於對學問和他人的輕蔑，或以所研究的對象爲謀己的工具，因而難辭主觀之咎吧。翻閲他們的心血之作，這些復雜的狀況可以顯見，可以視之爲我們的一面鏡子。

滄海桑田，世事變幻，歷史的動盪和時代的遮蔽，使當年許多大師的一些極有價值的學術著作被棄於故紙堆中，不能不令人有遺珠之憾。爲此，山西人民出版社不惜以數年之艱辛，披沙瀝金，編輯出版這套近代名家散佚學術著作叢刊，凡一百二十册，計文學、史學、政治與法律、美學與文藝理論、民族風俗、宗教與哲學、經濟、語言文獻共八大類別。所選皆爲作者之純學術著作，無論是其見解、精神，抑或是其時代烙印，都是後輩學人可資借鑒的寶貴財富。他們出版這套叢書，意在讓世人不忘來程，知篳路藍縷之不易，爲民族文化的傳承再增薪木。

出版社的初衷，與我近年來所思所慮近似，故願略述淺見於書端，以與策劃者、編輯者和讀者共勉。

二〇一四年七月六日

改定於自安東回京途中

前言

◇王繼軍

一切歷史都是當代史，人類歷史具有延續性，現實之中包含着歷史的因素，割不斷的傳統深刻地影響着當代社會；歷史可以從當代的角度去發現和解讀，當代所面臨的現實問題，促使我們去追尋它形成的根源，去叩問前人的智慧，以資借鑒。在平静緩慢、綿延不絕的歷史長河中，總有那麽一些波瀾壯闊、起伏跌宕的時期，它們所孕育的巨大轉折價值和意義深深地影響着後來者。近代中國社會經歷了亘古未有的大變革。就經濟而言，傳統的自然經濟結構受到衝擊，資本主義因素的工商業在經濟體係中佔據越來越重要的地位；在政治上，帝制衰敗，共和肇興；在法律方面，傳統的法律典章再也不能够適應富强、民主、自由、科學的社會需要，西法東漸，勢不可擋；在文化和學術上，東西文化的碰撞、交流與融合，使得發現新資料、運用新方法、創造新範式、提出新思想成爲可能。中國近百年的歷史可以説是一個從傳統社會轉向現代社會的歷史。

開放的思想是人類理性挑戰愚昧的鋭器，自由的學術是世界邁向理想社會的階梯。一代學人以他們廣博的學識、獨立的品格、創造的思維、勤奮的勞動，推出燦若繁星而又堅實厚重的學術成果，爲時代提供智慧的啓迪和思想的指引，以一種獨特的方式積極參與到社會變革的偉大歷史進程來。學術的力量是長久和巨大的，學者的貢獻是不應該被忘記的。

本叢刊政治與法律部分，輯録了于佑虞、聞亦博、曾松友、宋希庠、楊德森、常乃悳、瞿同祖、王振先、熊理、朱章寶、蔡樞衡、趙鳳喈、陳顧遠、郭箴一等名家散佚的論著，其中涉及社會形態、政治制度的歷史與學説、中國古代的倉儲、糧政、勸農、海關、婚姻等制度、婦女問題以及中國法律之精神與法律現象變遷等諸多方面的重要論題。這些論著具有資料豐富、考證翔實和「思他人所未思，言他人之未言」的共同特徵，又在方法、結構、風格方面展現出摇曳多姿的形態。有的長於叙事，爬梳整理，去僞存真，娓娓道來；有的善於思辨，歸納演繹，比較剖析，鞭辟入裏；有的體大思精，在宏大的架構中闡説精妙的見解；有的以小見大，於細微處見精神。這些論著無疑成爲中國學術史上的瑰寶。

閲讀是一種交流，研習先輩學人的著作，就仿佛與杰出的心靈展開了一場穿越時空的對話；閲讀是一種沉思，浸潤於那些深邃的思想裏，使我們得以忘却外部的喧囂與繁華；閲讀是一種旅行，我們汲取歷史的滋養，再向更遠處出發。

是爲序。

作者簡介

郭箴一，湖北黄陂人，一九三一年夏畢業于復旦大學新聞系。同年四月，其短篇小説集少女之春由上海聯合書店出版，收録十篇創作、一篇譯文，新聞系主任謝六逸教授推其爲中國最有希望的女作家。同年五月，其學士學位論文上海報紙改革論列入復旦大學「新聞學會叢書」，年底由上海光華書局出版，作爲指導老師的謝六逸爲之寫序。這是我國現代媒體批評史上的第一部專著。她是新中國成立前我國爲數不多受過正規新聞本科教育，并對新聞學有所研究的女性之一。

序

「本叢書目的，在以客觀的資料及各家之意見，提要鈎玄，使研究某一問題者於短時期內可得鳥瞰之印象。並可藉其導引，漸進於本問題之全領域」這是委託書上說明的一條。可是現在的中國，關於婦女問題的資料，的確不多，尤其是統計，作者雖用了一番披沙揀金的功夫，但錯誤和淺薄的地方，自知不免，希望明達的讀者，給我以指教。

婦女問題的發生，是男性中心社會所必有的現象，換言之，婦女之處於卑劣的地位，有社會的背景。在這個社會背景之下，要根本解決婦女問題、絕不可能。試看數十年來婦女運動的結果，雖參政、法律、教育等問題，形式上已獲得相當成績，然而實際上除少數婦女外，大多數的婦女仍未享受到多大的權利。故本書對於這些問題，尤其是參政法律的問題，並未列入專章，而僅於討論適當的處所涉及之。

社會制度的變更，是原於社會經濟基礎的新陳代謝，而促使這經濟基礎新陳代謝的，又是生產力的一定階級的發展。因了生產力的發展，一切悲哀、黑暗、壓迫都在此中產生出來。現在生產力的進展，又造就了建設新的平等社會的經濟條件。數千年來被壓迫的婦女，也作爲新興大衆的一部分，充分地表現了她們在生產中的地位和在社會上的力量，而迅速的覺醒起來。本書除把『客觀的資料及各家的意見提要』外，更就歷史生產力的發展，經濟基礎的演變，社會制度的推移，指出婦女在各階級上所處的地位。並根據人類歷史的進展，追求今後婦女運動的方針。因限於本書性質，未能對於婦女問題，有所獨創，所貢獻於讀者面前的，僅這點研究方法而已。

當本書付印的時候，首先要致謝於王雲五先生，因王先生的鼓勵，作者於辦公之餘，始有擔任這工作的動機和勇氣，同時更應該提出的，是蕙田在編著期間的啓示，此書之完成，得蕙田之力居多，脫稿後，更承徐紹修先生校閱，併誌於此，以表謝忱。

民國二十四年雙十節箴一於上海

目錄

中國婦女問題

第一章　婦女問題之史的研究

第一節　婦女與原始以來之社會

研究婦女問題，自然得根據社會的演進；明瞭了歷史上各時代的經濟基礎，纔能了解婦女所處的地位。因此對於原始社會首先要下一番探討的功夫。

所謂原始社會，是最古的人類社會，即指有史以前的人類社會而言。

原始社會在有史以前，無史蹟可考，現在要明瞭原始社會的生活，祇有本著各學者研究人種學、地質學、考古學、民族學的結果，以推測其概略。而中國的原始社會，祇有從古書的傳說中，去搜尋它的遺跡。

最初人類，由樹居穴居，而漸漸羣居，由小羣而漸成部落。每一部落都有一種崇拜，便將所崇拜之物，作爲部落的名號，或爲動物，或爲植物，叫作圖騰。這圖騰在最近的美洲土人尙有留存的。我中國上古時代，有所謂三皇五帝，據古來傳說，伏羲氏是姓風，風就是鳳字。又說是伏羲氏以龍紀官，神農氏以火紀官，黃帝以雲紀官，少昊以鳥紀官。這風姓和龍火雲鳥，都是古代的圖騰。而姓氏則由部落進化而始有的。

但是姓氏只限於部落的酋長纔有，這部落的酋長姓什麼，那全部落的人民都以此爲姓，不過酋長的姓，要問其所從來。因世代已久，無法追溯，於是就造出一個始祖母出來，像古時，商代的始祖母，叫做有娀，吞食天降的燕卵而生商王的祖宗。周代的始祖母叫做姜嫄，踏着地上大人足迹而生周王的祖宗。至於那些人民，更無從追溯祖先，只好各自造出神話罷了。況且那時候，至多還在游獵時代，男子都要出外獵取禽獸謀生，不能時常回家。家中只有婦女照料小孩，在初期畜養和種藝時候，也無非婦女服勞。所以生下兒女，只有和母親終日相處，古人說：野人知有母而不知有父，就是此理。

等到由小羣而成爲部落。有了酋長和姓氏，最先用女系爲姓，如姬姓、姜姓、姚姓、嬀姓、姞姓、嬴姓之類，都從女旁，便是姓字也取女生之義。表示此族由女子所生的。部落既已成功，農牧各業亦已進步，男女同居長久，父權漸漸發達，父子兄弟夫婦的名稱也就起來，而夫婦之間，有一夫一妻的，有一夫多妻的，有一妻多夫的，各隨其時其地的經濟環境而發生了。但是古人看得一夫一婦是很重要的，故新婚必須親迎，而夫婦有別之訓亦由此起。

因看重一夫一妻之制，而新婚必須親迎，女有家，男有室，叫做夫婦有別，此已在周室文明時代。那時雖有對於婦女，施行強娶或侮辱的，究屬不道德的行爲。並非視爲應當的，但據西方學者考究，世界各地在古代和現今未開化的土蠻，對於女子，竟有掠奪、賣買、贈與等，全然蔑視人格的行動。據說古代女子爲家庭的中心，掌有政治財產的權，自從男權發達，女子政治的權利與財產的權利，相繼喪失，結果所至女子遂成爲男子的私有物。這種家族變遷的痕跡，各國都有之。且把他們所舉的例寫於下：

掠奪婦女之風曾廣泛的通行於全世界，此種掠奪婚姻，或者竟可以說是掠奪奴隸的野蠻風俗，爲澳洲人求妻的惟一方法，在非洲的黑人間也是這樣，土人間掠奪也極普遍的通行着，就是現在仍舊有這習氣，巴達考尼亞人（Palagonians）從一個部落到另一個部落戰爭着，一邊殺其男子一邊盜其婦女，每年到紅葉的季節，攻襲富支人（Fuegians）族，奪其婦女。韃靼人以戰爭捕獲的女俘虜，爲自己的妻。

在摩奴法典（Code of Manu）之中，亦規定掠奪（Rakchasas）爲締結婚姻的八種方法之一，但此種方法僅允許武士階級刹帝利（Kschatriyas）採行，其他階級，甚至在婆羅門（Brahmins）階級中亦嚴加禁止。

在古代希臘及羅馬人間，以及在古代日爾曼人之間，掠奪婚姻亦被視爲可以讚美和英勇的事。希臘文妻（Damar）之一詞與戰爭中的俘虜或奴隸同義（Damezein即征服的意思）在南斯拉夫人中，直至西曆紀元以後猶有掠奪婚的發生。不過無論何處，婦女的掠奪常受嚴酷的處罰，常常因爲婦女的掠奪而引起部落間的無窮的糾紛和血鬬。

在無論那一種文明之下，掠奪都不是取得妻子的唯一方法。此外尚有交換和服役的方法。部落間商業的發達，由貨物的交換自然很容易發展成爲婦女的交換。服役婚姻，即求婚者沒有取得妻子的財富，便在岳父家中作一定期間的服役作爲取得妻子的代價，這種取妻方法在各民族中極爲通行。

買賣婚姻比服役婚姻通行的更廣，在全世界所有的人種，所有的時代，都可以找出很確實的證據。我們可以斷言，即在文明的初期，父母對兒子尤其對女兒的權利在任何國土中，都含有着買賣的權力。

韃靼的民族，父母對於其兒女的婚姻，有絕對的權力，毫無與當事人商量的事。雙方的父母間很繁冗的爭論交易的價值後，男子或其家族應出的價錢經過嚴重的談判始行決定。但青年男子對此事毫不與聞。對於雙方之感情好惡毫不顧慮。女子的身價，用牛或羊或布或絹絲或麥粉償還。一切都講好後，再於證人之前寫買賣的契約，然後女子由前述的掠奪的婚姻的儀式之下，交付於買主。新婦（Kalym）的價格往往很高，値九十隻四歲的馬，九十隻四歲的羊，以及若干隻四歲的駱駝。在通古斯人中一個少女值二十隻馴鹿，寡婦便要便宜得多，反之在土庫門（Turcoman）人中，一個少女的價格僅值五隻駱駝，而寡婦則值五十隻駱駝。

在世界的任何地方，任意處置其女兒的事，認爲是父母當然的事。印度許多土人和阿拉伯人之婚姻，現在還是毫無掩飾的單純的買賣婚姻。

日爾曼人之少女，不得其父或其最近親者的許可，不能結婚，其父先得由女壻取得賠償金，然後新婦又付了 Oscle 即最初接吻的價錢。然後再討得做她的攜帶金的所謂 Morgengabe 但此婦人成了寡婦時，與阿富汗的寡婦一樣，爲夫之父母的所有物，未得他們的許可，不得結婚。德文中結婚（Heiraten）一詞，即從僱用或購買（Heurentun）一詞而來。

在歐洲各地方，亦與野蠻時代及古代希臘一樣，都把女子視爲交易的商品，把婚姻認爲交易。在羅馬也與其他地方一樣，女子被父母視爲物品。

以上我們祇陳說全世界的任何時代，任何人種，此種買賣婚姻通行的很廣的證據。此種買賣婚姻，將女子視同家畜，物品，對女子含着極深的輕蔑意義。

中國古代婦女就古書可考的，像周代的尙書左傳等，雖然也有女奴女奚，但是家庭中婦女，自有相當地位，決非全體婦女都是男子奴隸。至於西方學者關於婦女奴隸化的問題所考得的，則大不然。倍倍爾說：『她們是最先做奴隸的人類，「奴類」這種人未存在之前，婦女已經是奴隸了。』

（婦人與社會）

但社會主義者的倍倍爾的意見，與近代人類學家研究的結果，頗有不同的地方，而且卽使承認原始時代婦女已經奴隸化，但和一部分男子的成爲奴隸，仍有着本質的差異，因爲第一『婦女』並不屬於社會的階級範疇，它祇是抽象的性的區別，所以在階級社會，婦女亦必有階級的分化。第二婦女地位的低落，是基因於兩個因素，一、她們事實上失去在國民經濟上重要的生產勞動的權利；第二、男性中心的社會否認婦女家務工作之社會的經濟的價值。

古代希臘及羅馬的婦女，隨着財產私有制的發達，和奴隸制勞動的強化，婦女的活動領域，已經實際上限於家庭以內。婦女的存在意義，第一要去滿足丈夫卽家主的性慾，第二要去生育丈夫的後嗣者，第三爲着保證丈夫的正出子女的準確性，不和其他男子交際，第四卽活動限於家庭以內，最好不問外事。修昔的底斯（Thucydides）說過一句代表當時意見的話，『一個最好的妻子便是一個不好也不壞的女人。』

男權中心的希臘雅典共和國，設定種種道德律及法律，剝奪婦女的自由，膺懲婦女的反抗，所謂索龍（Solon）的共和國新法，規定犯了姦淫的婦女處以死刑，或由其丈夫把她當作奴隸而出賣，但對於男子，則任其自由。

希臘及羅馬的自由市民的妻女，在物質生活上自然比女奴隸優越得多，但她們也是同樣的，無權利和不自由，既婚婦女是完全隸屬於丈夫，在牢籠一般的家庭裏過長期的奴隸生活，未婚的女子是隸屬於父母，沒有自行擇夫之權，深囚在閨房裏等待着父母的出賣，她們貴重的生命，在不見天日的寢室裏和廚房間消磨到死的那天。

另一方面男子對於自己的妻女嚴禁其他男人來侵犯，而他自身卻不斷的追求他人的妻女。於是爲着緩和這個矛盾，發生了希臘有名的娼婦制度。起草雅典新法律的索龍設置國營娼寮，公然實行變態的多妻制度。

希臘著名的演說家狄摩西尼（Demosthenes）曾向公衆宣言：

『我們有娼妓供我們愛的享樂，我們有侍女作身邊的照應和日常的侍奉，我們有妻子，爲生產合法的子女和作家庭間忠實的主婦。』

總之講到希臘羅馬的婦女地位不能用概括的概念來說明。屬於自由民的婦女和屬於奴隸的婦女是屬於完全相異的階級範疇，前者共後者是有截然不同的生活樣式和身分關係，但這相異祇不過前者是具有自由民的名義，而後者是名實俱全的奴隸而已。

第二節　近代之婦女

中國自東周以來，商人漸漸擡頭，戰國後。封建崩壞，貴族滅亡，資本家遂大起。秦漢一統，以專制帝王之力抑商重農，但資本家的勢力毫不衰退，一班封君，反要仰其鼻息，借錢使用。也和歐洲中世以後，資本家代封建之王侯而與，是一律的。在中國的富翁，無非是姬妾羅列，奴婢成羣。那末西方資本主義下的婦女是怎樣呢？以下是舉西方學者的話：

（一）歐洲近代之婦女

在歐洲封建衰亡後，一般都是市民了。他們的婚姻，是否有所謂自由戀愛的本質。從前封建王侯們爲了兼併土地或外交上的目的而結婚。但在市民階級間也有爲了資本的合同，或商業上流通增大的目的而結婚，戀愛儘可以自由，但物質的利害，總是『自由』的前提條件。

近代的學者一般都把婚姻和家族，認爲國家的基礎所以攻擊婚姻和家族，就是攻擊社會和國家而動搖社會國家的根基。很明白地一夫一妻制是平民有職業秩序和財產秩序的結果，確是市民社會的一個重要基礎，但這種制度能否適合於自然的要求和社會的健全發展，卻是一個另外的問題。這種以市民財產關係爲基礎的婚姻制度，多少總不免是一種不得已的婚姻，它不僅能夠產生許多惡果而且祇能達到結婚目的的一部，或竟完全不能達到。婚姻制度至今仍可以說是一種經濟制度，大多數的婦女，仍以結婚做她們一生的歸宿，因之婚姻的破裂，卽是她們生命的破裂。在這種情形之下，婚姻就完全失去了它所應有的種性的（Genconomical）意義。

在目前的社會之下，有大規模的男女的晚婚或不婚。但在同時毫無愛情的便宜結婚與金錢結婚；一天天的加多；一般女子把結婚當作惟一的生活的避難所，常爲了生活，虛榮地生活，將自己出嫁給扶養她的男子。同時男子方面，亦把結婚純粹當作享樂的手段。這樣的結婚，在形式上固是合法的正當的婚姻，實際上卻完全喪失了它的生物的和社會的任務。

因爲文化的以及經濟的原因，使離婚也日有增加。近代社會是立足於個人主義之上的社會，婚姻已成爲享樂的工具，一朝夫婦失和，便可以互相決絕。尤其自從近代工業有了大規模發展以後，婦女已有經濟獨立的可能，而社會對於離婚一事，也不復如過去那樣的排擊，所以使離婚更爲增加。從前婦女除了家庭以外，便別無生活之所，所以無論受怎樣的虐待，她總不願也不能離去丈夫。然而到了現在，女子在某種程度，已有生活的路了。向來專屬於男子的離婚權利，現在女子也得到了，於是女子也不必如過去之忍氣挨苦了。就上海北平的離婚統計來看，婦女提出的離婚率所占的百分比很高，幾乎與男子提出者相等。這或者因爲在都市方面婦女解放的程度較深，但要之也可以看出一點趨勢來。

現在讓我們稍稍觀察一下在現代世界離婚的增加情形。美國自一九一六年以來，每十萬人中的離婚數便占世界各國的第一位。下面是各國離婚數增加的統計表：

各國每十萬人中之離婚數

國別	一九〇一年	一九一六年	一九二二年	一九二七年
美國	七九	一一三	一三六	一六二
日本	一四〇	一〇九	九二	七九
法國	二三	二一	七一	四五
德國	一四	一五	五八	—
瑞典	三〇	四〇	五四	六二
比利士	一二	—	四九	三一
丹麥	一五	三一	三九	五五

就個別的國家來說，法國最初的離婚法於一八八四年七月頒布九月實行，在數月之間核准了一、六五七離婚案，在一八八五年增加至四、一二三件，一八八七年增加至五、七九七件，至

一九一二年總數竟達一六、七二三件。在歐戰中離婚有所跌落，在一九一五年僅有一、九五二件，但一至戰後，離婚數又立刻增加，在一九一九年一躍至一九、四六五件，自此以來，有不斷的增加，至一九三一年竟達二八、五〇五件。其他的國家也許沒有這樣的極端，但離婚的增加趨勢，卻是一致的情形。離婚的頻繁，即徵象婚姻制度的不美滿，而結果使家庭制度發生了動搖。

婚姻的弊害愈見增加，金錢結婚買賣結婚愈加流行，婚姻制度也愈見腐敗，晚婚、獨身、墮落的結婚以及離婚也愈增加。這一切的現象，都表示現在的家庭制度已經發生嚴重的危機。家庭制度的動搖，在另一方面的表現，爲娼妓制度的流行。娼妓之存在，自然已有悠久的歷史，但娼妓的大規模發展，卻是近代尤其是都市產生以後的事。法蘭納（Flexner）曾研究歐洲娼妓的數量，他說土哥（Turgot）的估計巴黎有娼妓二萬人，實在實是嫌太保守了的。最近有人估計倫敦有娼妓八千人，他認爲這個數目太小了。他估計柏林有娼妓二萬人，大部分是私娼，格拉士哥（Glasgow）有一萬七千人，維也納有三萬人，科倫（Cologne）有七千人，僧城（Munich）有八千人，羅馬五千人，阿姆士特丹（Amsterdam）七千人。據估計一九一三年，德國全國有娼妓三三〇、〇〇〇人。在美國方面，據尼蘭特（Kneeland）的估計，紐約有娼妓一萬五千人，私娼與偶爾賣淫者不在內。在一九一一年，芝加哥有娼妓五千人，費城有三千三百十一人，據學者的研究，大約一個娼妓須十五至二十個男子維持，我們可以從而推想近代大都市中非法性關係的紊亂。

賣淫的根本原因，自然是經濟關係，在古代雖有宗教意味的廟妓制度，但在近代情形之下，大部分的娼妓，其所以甘心出賣肉體，都出於經濟的壓迫。

婚姻是市民世界的性生活的一面，其他一面，就是賣淫，婚姻是盾的表面，賣淫是盾的裏面。男子不能在婚姻裏得着滿足時，照例是向賣淫制度去尋覓補償。還有，因爲別種理由不結婚的男子，也照例向賣淫去尋求滿足。

男子常常將利用賣淫認爲由法律給他們的特權。一方對於不賣淫的婦人『失了身』的時候，他們更冷酷地監視或批評。男子靠着所占的優勢的地位，無理地要求婦女壓制她們強烈的衝動，造成了完全片面的性道德觀念。

因之，社會對於因受經濟壓迫而不得不出賣肉體的娼妓，雖置於不齒之列，但對於事實上維持供養娼妓的尋歡作樂的男子，卻置之不問不聞，甚之認爲他應該有的權利。結果，娼妓不特在體質受蹂躪，且在精神上受各種的淩踐、迫害、往往使她欲跳出墮落生活而不能。

所以賣淫是市民社會的一種必要的社會制度，和警察、常備軍、教會、雇傭制度等同樣。在目前的情勢之下，雖然有慈善團體的活動，教育家的努力，然而營娼妓生活的人，竟毫無減少，反一天天的加多！局部的救濟在一定限度以內雖也可以收效，但決不能因而使娼妓現象消滅。要消滅這種文明社會通病的娼妓制度，要免除這營皮肉生涯以求餬口的悲慘的現象，非改良社會的狀態不行。

（二）近代社會中勞動婦女的地位

工場手工業制度是開給因農村破產而流浪到都市的男子，婦女及兒童以出賣勞動力的門戶。中世的手工業者行會是不准婦女參加的，婦女祇能在家內手工業中參加工業生產，到近代工業制度之下，許多不熟練的婦女及兒童也成了工廠中的產業工人。這是因爲在近代工業制之下，生產程序已經有詳細的分工，體力較遜的女工與兒童，亦可以擔任工作，同時女工與童工的工資較廉，性情亦比較馴順。企業者自然樂於進用。因此，女工及童工的數目便日見增大。

許多破產的手工業者及農民不能養活其家族，遂不能不爲着最低度的工錢而把自己的妻和孩子送到工廠裏去。

近代的工業制度，因爲需要女子的勞動，於是數千年來常被壓迫的婦人忽然獲得了大規模的社會活動經濟獨立的機會，但近代工業之引用婦人勞動者，主要的動機乃出於經濟的打算，即企圖以較男工爲廉的工資，取得與男工效能相同的勞動力。不特此也，女子因爲生物的及習慣的原因，比較馴順，比較沒有嚴固的組織，因之，即使勞動的條件如何不利，待遇如何的苛刻，結果總是默默地忍受着。同時因爲她的順從與低廉的工資，常成爲男工的競爭者，企業者即利用這一點，作爲削減一般工資與生活標準的工具。

無論那一種的勞動，只要時間過於長久，都是有害身體健康的。尤其在勞動設備非常惡劣的狀況之下。高度的氣温，充滿了塵埃與喧聲的工場，缺乏營養資料的食物，擁擠不衞生的居處，對於婦女勞動者的健康，常是極嚴重的威脅。因此在女工中間死亡率非常的高。許多的女工，都是面色蒼白，舉動遲滯，顯出營養不足勞動過度的模樣。這種近代的產業狀態，一方面毀壞了女子的身體同時精神上復使她們一天天的向下墮落，所以她們即不自暴自棄的墮落而爲娼妓，至少也變成一個機械化的人，普通的常識，人間的感情，一點也沒有。

婦女勞動，對於家庭制度又給予一種極惡劣的影響。父母都到工廠，子女的教養自然就無從談起，他們就最易受到不良的影響和意外的危險。同時女工在生產前後均不能有適當的休養，對於嬰兒的照顧自然也談不到周到，因之，他們子女的罹病率和死亡率都非常之高。這類的家庭嚴格說來只是一種傳舍而已，無所謂和諧的空氣，生人的樂趣，家庭至此已經成了人間的地獄。

並且在中國，一切家務雜事慣例皆爲婦女的份內之事。所以她們雖則白天到工場裏做了十小時的工作，晚上回到家裏，精神和肉體已很疲勞，然而仍不得不煮飯、燒菜、洗衣、做鞋、服侍丈夫和孩子們。換言之，她一個人兼做兩個人的事，試問在這種情形之下，她的身體健康怎樣能免去不利的摧殘。

雖然如此，婦女勞動需要的增加，和婦女勞動機會的擴大，都把婦女的地位提高了。在以前，婦女的活動，限於家庭以內，她的身份，幾乎限於消費者的資格，因之在無論那一方面，她到底都得倚賴於男子。在近代工業制度之下，她們獲得了廣大的經濟獨立的機會，於是築成了男女平等的眞實基礎。

(三)婦女問題的發生和演進

市民社會雖然主張婦女的人權承認男女平等的原則，但在他們的家庭中，婦女地位卻沒有何等的提高或改善。仍然使婦女處於男子的隸屬底下。尤其資本主義的生產的社會化，是把從來成爲社會的生產單位的家庭變化單純的消費機關，同時把婦女變化成祇會消費的家庭玩具。這種情形，在現在有錢人家的婦女中更爲顯著。她們除了生育子女和服侍丈夫外，不參加任何生產活動，專靠丈夫的利潤所得來生活。結果她們的地位和封建的貴族婦女並無兩樣。

雖則如此，但市民社會爲着使婦女適應於資本主義的生產方法，對於一切勞苦婦女給予了勞動及職業的自由，同時給婦女以商品經濟社會所必需的『讀寫算數』的知識，結果，一方面，廣大的婦女大衆，參加到國民經濟的有價值的生產，獲得獨立生成的機會，另一方面，培養出一大羣的知識婦女，她們在社會各機關中能夠擔任從來男子所獨占的「高尚」的職務。從這時候起婦女們感覺到自己的力量與權利，遂開始向社會要求男女平權開始初期的婦女運動。

婦女問題，成為一般的婦女問題，引起了多數人的注意，那是在所謂近代文明之起源的文藝復興以後的事，至於婦女問題的成為社會上的大問題，婦女自身也有了明確的意識，使婦女問題具體化，那是受到了十八世紀末的有名的法蘭西大革命的影響。

自十五世紀中葉至十六世紀的文藝復興引起了「自我」的發見，人們都覺醒了，要求自己的自由，對於一切都要加以觀察研究和批評了。

在這個人類解放運動中，婦女的內心生活，也引起了極大的變化。愛倫凱（Ellen Key）說，在文藝復興初期，已產生了許多抱女權主義思想的男女著作家。在文藝復興的頂點期，關於婦女的，或者婦女自己寫的解放文學，委實不少。然而這不過是限於少數有思想的婦女間，一般婦女的地位，並沒有提高——她們仍在悲哀的境地中生活着。

這是當然的結果，因為這種思想的自由，僅僅限於人數極少的上層階級罷了。

至於北方各國所受婦女解放的影響，極其微薄。而且在反動時代，宗教戰爭和新正教的時代，婦女的地位反而有顯著的退步。

在這樣狀態之下，第二的文藝復興期來臨了。個人雖沒有自主的覺醒，但受了時代潮流的激蕩，也要求精神的解放了，在這個時候，被課以更加厲害的桎梏的婦女，受到這個感情復興時代之時代精神的刺戟，便發生了解放的自覺；這也是自然之勢。他們那種鬱積的不平的爆發力，如果現在把它點着了火，那是非常危險的。可是，火是沒有人去點着，一直經過十七世紀之末，到十八世紀過去了一半。

到了一七六二年，盧梭(Rousseau, 1712—1778)的『社會契約說』出現了。他宣明極端的個人主義，主張天賦人權論，於是那久處於不自然的男子的壓迫和桎梏的苦難中的婦女，也受了影響，更發生了自由平等的思想。所以有人稱盧梭爲近代婦女運動的點火者。

然而盧梭的主張雖給與婦女運動以重大的影響，但他對於男女的關係，仍然不脫保守的因襲觀，所以他自己決不是婦女主義者，也不是婦女運動家，他是一個極端地進步的自由思想者，可是他的自由思想究竟間接的有助於婦女運動。

現在的資本主義社會，自然不是一時突然出現的東西，它是經過種種發展階段，並且必須經過工商市民的堅決的爭取纔得實現出來。這種發展階段可分爲三。卽第一次宗教革命（一五一七），第二次英國革命（一六八八）第三次就是工商市民最後獲得政權的法國革命。

法國大革命對於婦女解放運動及思想上給予了很大的影響。這種影響特別在有名的人權宣言中充分的表現出來。從來在封建的絕對王政之下，一切平民大衆完全失去了『人的地位』至於婦女更不待說是命運注定的奴隸。少數特權的貴族和僧侶，任意吸取平民的血汗，爲所欲爲，過着地上天堂的生活，而多數從事生產的人們，尤其是婦女卻受盡現世的地獄痛苦。在這種現狀下，市民階級起來了，舉起自由、平等、博愛的旗子，宣言人民的權利，向封建勢力進攻。他們的主張是名正言順，理直氣壯，於是乎多年苦於被壓榨的平民都很熱烈的參加革命，被壓迫最甚的婦女更勇敢的參加大衆的叛亂。結果專制王國被打倒，工商市民奪取政權。成立了新政府，但直接流血的平民及婦女們呢，不單得不到什麽權利，反而遭了新政府的鎭壓和屠殺！

法國革命，當時一方面在工商市民的婦女中已經產生了充分吸收近代自由主義思想的多數婦女層，他方面隨着工業生產的擴大，在各中心都市特別在巴黎和馬賽，女工數目有驚人的增加，這兩種婦女在革命的叛亂中形成了主要的戰鬥部隊，據歷史的紀載巴黎的女工們參加佔領巴士底爾監獄的鬥爭，女工們以羅沙拉哥姆布瑪得連沙布利，列奶奥珠等爲領袖組織凡爾賽進擊隊。把路易十六護送到巴黎的，還說是一個婦女衞兵。

法國革命中有兩個主要的婦女領袖，一是鐵羅紐，一是拉哥姆布。鐵羅紐具有熱烈的戰鬥的性格，她領導羣衆占領巴士底爾監獄，因此國民議會爲着表彰而贈與有名譽的寶劍。十月五日那天進攻凡爾賽，她爲着支持婦女們革命的精神，穿了赤色衣裳而騎馬向凡爾賽進擊，八月十日，她爲着擁護共和政府在廣場上徹夜演講，要求確立人民的最高權力。

拉哥姆布也是參加凡爾賽進軍的一女性。她是巴黎郊外勞苦婦女的眞正指導者。她常和下層婦女羣生活，她具有卓越的組織才能，有優美的聲音和容姿的女人。她從立法會議席上大喊：『從聯合軍的侵入防衞革命！』同時要求『權力大衆化』八月十日圍攻王宮的時候，她的臂部受了傷。國民會議時特贈給她榮耀的『市民冠』她創設『革命婦女俱樂部，』以革命的精神，教育婦女大衆。她是有名雄辯的女賈哥邦黨員，她不單主張婦女權利，同時要求大衆婦女的利益。她高喊：

『在共和制度底下，婦女所得到的利益是什麼喲！』

一七八九年的法蘭西革命，不僅在歷史上劃一新紀元，就是在婦女問題方面，對於它的主張的實現，也最初的給與飛躍的機會。

然而在法國革命的狂亂期過去以後，她們的勢力不久也完全剝奪去了。一七九三年五月二十一日，她們被禁止議場的傍聽。六月二十六日，出席於政治上的集會的權利也奪去了。其後，到了拿破崙帝政時代，制定了有名的拿破崙法典，婦女的地位，又完全返到男子的從屬者的地位了。

一八三〇年的七月革命，一八四八年的二月革命後，聖西門高唱依據人類愛的社會主義教義，關於婦女權利的主張，也漸漸有了勢力。有名文學家喬治散特（George Sand）（一八〇四——一八七六）的熱烈的女權論者也出現了，在他的小說中都是攻擊社會的因襲主張婦女的自由非難奴隸式的結婚。

法蘭西革命給與英吉利國民以巨大的影響，同樣，法蘭西的婦女運動，也給與英吉利婦女以巨大的影響。她們的代表的先覺者，便是伏爾斯頓拉夫脫女士（Mary Wollstonecraft）她於一七九二年著婦女權利的擁護，（A Vindication of the Rights of Women）主張在結婚生活上男女有平等的權利，並非難以婚姻爲目的的女子教育，提倡男女同學，主張職業自由，和經濟獨立，高唱婦女要在議會中當議員。

德意志也受了法蘭西革命的影響，自由平等的精神傳播到國內，重視婦女的人權的主張也出現了。一七九二年，培培爾（Ferdinand August Bebel）著書論公民婦女的改善，對於法國革命的人權宣言，把婦權除外，也加以非難，所謂人權，是男女有平等權利的意思。至於女子的現在，所以較劣於男子，乃是爲了數世紀來男子給與女子這樣地位的。女子要實現她的天職，就不得不具有和男子平等的公民權利。違反了自然的意志，便足使民族衰落，這是倍倍爾的主張，

瑞典的皮萊曼爾和挪威的阿爾萊脫等婦女思想家，各各宣傳她的解放思想。

在美國一七七六年時，就有要求婦女參政權的聲浪了。美國婦女爲了解放黑奴而熱心地參加運動，同時又促進了她們自己的覺醒，他們便提出男女同權的主張。不久，她們在職業和教育二方面，已得到了與男子相等的權利。這個新運動從最初起，就帶有政治的性質。

這樣的以法國革命爲機緣而萌芽的婦女解放自由精神，及其權利之獲得運動，從十八世紀後半到十九世紀，竟傳播到了從挪威到意大利，從俄羅斯到美國……等各方面。

而最容易傳播這種主張和運動的一大原因，是以這種問題成爲作品的近代文藝，又使這問題現實化的最大之社會的背景，乃實業革命及於婦女的影響。

跟着文藝復興期以來的自然科學的發達，那些蒸汽電氣和其他關於機械的產業機關的繼續發明，於是生產力便急激地增加了，特別於發見了通印度美洲的航路後，商業貿易更繁盛了。在過去爲快樂而使用所蓄積的財富，一變而爲企業的資本，這就是生產機關的完備，大規模工場的組織。

而封建的用意在於制限的組織，成了使用資本和激增的生產力的障害了。

特權階級——封建貴族是失卻保護了。這個生產方法變化的結果，過去的制限的組織，是不便於更大的蓄積的。所以自由競爭的資本主義經濟組織就開始了。然而這種組織引起了莫大的和劇烈的貧富間的懸隔，它不依暴力和強制的服役單依着經濟的狀態之作用，自然地機械地使那些勞動者爲資本階級而從事生產。

實業革命，給與婦女有二重的影響，第一，因由手工業轉移到大規模的機械工業凡從前在家庭內從事於衣食及關於其他日常之婦女的工作都大大地減少了。第二，近代工業制度之下，生產的設備需要龐大的資本，於是乃有專門的企業家，一般缺乏資本的人，便不能不純靠勞動的工資所得爲生了。

這樣使向來留在家庭內的多數婦女，都離開家庭，驅到勞動市場上去了。此外，受到民主主義個人主義等的近代思想的影響的，屬於中產階級婦女，也爲了脫去她們的寄生生活進而投入了新實業組織的新職業的漩渦中。

由此，婦女乃逐漸逐漸多少得到了經濟的獨立。她們不復是過去的家長的私有物，而是依了直接社會之一員的生活，取得人類的地位，而不被他人的意見所左右。在這種情形之下，自然地發生了自主的傾向，便要求較好的教育較廣的職業範圍對於同一勞動的男女要求同一報酬等，於是所謂女權運動的根底的男女平等的要求也吶喊起來了。

由此實業革命所引起的必然的結果，改變了婦女的生活，於是，就給與婦女以中世紀所禁止的職業的自由，獨立開店的自由，同時，她們的財產結婚，及其他法律上的權利也次第被承認，並給與獨立的收入，扶持個人的自覺，開闢了她們地位向上的道路。然而這給與婦女以這樣的自由恩惠的產業革命同時使她們投入於資本主義制度下的經濟生活的漩渦中，於是她的們青春，她們的健康，她們的幸福被摧殘無餘了。這樣，婦女問題與勞動問題發生了密切的連繫。婦女一如男子一樣，在獲得了初步的解放以後，自身之間開始發生分化了。

近代工業制度給與婦女的弊害，不是女子解放自身的弊害，只是解放尙未澈底的結果，換句話說，就是因爲女子無力，不能自己訂定自己的勞動條件，是因爲缺乏堅固的組織，只能聽從企業家所指定的勞動條件而發生的結果。

依照演化的法則，婦女的分化，今後將繼續增加。由分化婦女在經濟將更加有完全的獨立，她的勢力和社會的重要性，無疑會因而增加。因爲祇有靠了經濟的獨立，她纔能得到與男子平等的社會及政治地位。

第三節　社會主義社會與婦女

(一)社會的變革

『潮水起來，沖壞了現代國家及社會的基礎，一切人們，都感知了柱子已壞，非有強有力的支柱來代替不可。但是要改換柱子，現在的支配階級，非有很大的犧牲不可。這種改造實行的時候，支配階級在物質上要受非常的損失，所以關於懷疑特權地位的一切提案，都遭了劇烈的反對，顚覆現存國家社會的運動，都受嚴厲的禁止。但是，已經病入膏肓的世界，不懷疑和排斥支配階級，是永遠也醫不好的。』培培爾在『婦人與社會』裏說的。

『解放勞動階級的鬬爭，不是爲爭奪特權，乃是爲平等的權利與平等的義務而戰，爲排斥一切特權而戰。』這是社會民主黨黨綱中的文章。所以不澈底的政策和少量的讓步是毫無意義的。

「對於單純的事件及正當的要求也拚命地反對的資本階級，是不能用道德來說服他們的，但是因爲現在狀態的發展，被壓迫階級都有了對社會的認識，因之環境的力量驟然增大，階級對立愈見明顯形勢更見緊急。被虐待被榨取的階級認識了現在狀態，已經不能維持他們的憤激增加，變革社會的要求也愈加深刻。這種認識的範圍擴大和變革有直接關係的大衆，立刻表示同感。一方，這種覺悟增進他方支配階級的抵抗能力便見減少。這是因爲支配階級的力量，是建築在被壓迫被榨取的民衆的無智與渾沌之上的緣故。這種相互作用非常明白，所以促進這種作用的，非受歡迎不可。一方面，和大資本的發展，同時，一般人對於社會制度與民衆福利的矛盾愈加容易認識。要解決和消滅貧富的隔絕，要有多大犧牲和努力，但祇要這種隔絕的發展到了極點——現在是正向着這種極點狂奔——解決便會實現。」

「我們對於尚未明瞭的事情，不能預先決定方策，方策的問題，就是在鬥爭中非遵守不可的戰略問題，戰略是因反對黨及自黨所用的手段而不同。今天認爲可以使用的手段，到明天或者因爲環境變化而不能執行。所以要緊的是我們不論在什麼時候不要忘記我們的目的。爲達到目的的手段，是因時機事態而決定的。但是在決定手段時，非採用時機及事態容許的範圍以內的最有效方法不可！我們在敍述將來的發展時，非用假定的方法不可！非推測某種狀態不可。』

『從這種見地出發，我們到了某種時機，以上所述一切惡害，發達到了極度，大衆澈底覺悟，而已經不能再忍，對於一般的澈底的要求非常熱烈，盼望這種救濟也愈形急迫。我們現在應該推定這種時期的將來。』（此節摘錄培培爾之婦女與社會）

（二）社會主義社會的根本法則

社會的演程達到更高一級之時，不問男女，凡有勞動能力者，都非負勞動義務不可，這是社會化的社會的根本法則。社會沒有勞動不能生存，社會主義在『不勞動者不得食』這一點，與聖經相同，但是一切勞動，非有益的生產活動不可。在新的社會，各人從事於農工商等有益活動，將一定量的勞動，供給社會，沒有勞動，沒有享樂。

各人有勞動的義務，更非有滿足三種條件的共通利害不可。第一，勞動時間不能過長，以適度爲止。第二，使勞動愉快和有變化。第三，勞動須完全生產的。新的社會不是爲了利潤而生產，不是爲謀取局部人的生活的向上。而是使社會各分子皆能有同等的生活機會，使一般的生活水準有儘可能的提高至於社會能提高人類欲求到如何程度，卻是一個問題。

要決定這個問題，包括一切社會活動的行政部，是必要的。現在的自治團體，便是便宜的基礎，假使自治團體範圍太大，不能監督全體，則可分成幾個較小的區域。和在從前原始社會一樣，一切成爲團體員，不問男女，可以參加選舉，決定掌理行政的代表，中央行政部立在地方行政部全體之上——但這並不是有支配權的政府，而是以執行行政爲主的委員會，——中央行政部由社會直接任命或由自治體行政部任命，這是沒有多大關係的。在將來這種問題將沒有重要意義。假使社會進步舊制度成爲無用，則因爲沒有人和他的存在有利害關係，可以不經爭鬥而廢止舊制，另立新法，所以建立在廣汎的民主基礎上的行政部和現在的政府根本不同。

在社會化了的社會，一切關係完全重行改革成協同的和諧的的結合。一切都根據計劃與秩序進行，所以滿足各種要求的分量容易決定。最初當然需要相當的經驗到後來一定能夠圓滿，例如麵包、肉類、衣服及靴鞋的需要，都由統計確定，通知該物品的生產工場，則社會必要的每日勞動時間的平均標準便能知道。還有對於某種工場是否有存在必要，也可以知道。假使認爲無用，則可以撤廢或者改爲別種目的之用。

個人都須選定自己所願意從事的勞動，因爲勞動的種類繁多，故各種希望也易應付。一方面勞動力過多，他方面勞動力缺乏之時，可由政府安排使之平均。組織生產及分配各種勞動力，這是選出執行委員的主要任務。一切力量相互幫助車輪的迴轉也愈見圓滑。各種勞動部類及支部選出委員，這種委員有監督一切之責。那時候的委員，不是現在的虎狠一般的工頭和監工，而是從事生產的人們自己所委託的同伴組織更有進步，一切人員都有了教育，這種職能，可以互相交替依着一定秩序，凡是一切關係者，不問性別，都可以擔任這種任務。

個人和社會全體間毫無差別而完全建築在自由平等的基礎上的勞動，能夠喚起現在產業制度下所絕對不能企望的競爭而創造慾望，這種創造的快樂，足以使勞動生產力增加。

因爲各人都爲着互助而勞動，所以他們一定能夠努力節省勞力費用，使物品愈加精良。這種共通利害，使一切人們改善勞動過程及尋求單純化的進步的方法。發明發見的心理，受了極端的刺激，人們都想在發明新的方法上競爭，在此和社會主義者，反對者的主張，發生正反對的現象。在現代社會之下不知有多少遺棄了的天才。假使在舊制度之下不以財產而以材能來作人物地位的標準，那時候工人、工頭、技師、化學者等等。恐怕都占有了大人物們的地位。被企業者所利用的發明發見及改良，實際上都是這種人們的功績。在目前的社會之下，材能與機會不能有相稱的調整，往往極其庸碌的人，因爲種種的機緣，卻高居上位，反之有許多有天才有能幹的人，因爲格於環境的限制，懷才而不得舒展。這種情形，無形之中阻礙了社會的和文化的進步。

凡有關係實際生活的人們，都知道工人們對於採用的改良方法及新式機械如何的懷疑及厭惡，因爲這種改良及發明，不僅他們得不到多大的益處，而且反有因節省人工而被裁汰的危險。他們不去稱讚這種足爲人類光榮的發明而反加咀咒。此外，工人們在生產過程中也有許多的發見，但終於不能採用，因爲他們恐怕這種發見宣布出來，於他們不利，所以寧願祕密。這都是利害對立中的當然結果。

在社會化了的社會，社會利害衝突可以除去。各人爲着對自己效力而發揮能力，結果使社會得了利益，在今日狀態之下個人的利己主義與社會福利往往是不相容的兩個極端。這種差別，要在社會化的過程中纔能消滅。

因爲科學技術都有非常的進步，生產過程將愈加完成，而成爲造成新發展的要素。現在祇有少數者能夠滿足的欲望，將來一定能夠普及大衆，而更造成新的要求。社會化的過程，目的並不在於造成局部人的生活，而是要求社會全體能享高級文明人的生活，這種要求，並不限物質的欲望，爲着研究科學藝術及享樂，也非給以萬人均等的機會與時間不可。

『但是，如何纔能鑑別人的賢愚勤惰呢？』這是反對論者常常提出的質問，而我們的回答卻往往使他們發生惶惑。這些聰明的質問者，似乎不曾想到現在政界，不分賢愚勤惰，祇依在職期間長短而規定俸銀多少的制度，不由工作的價值，不由所處的地位而決定。大多數的官吏軍人科學家等，都不由才能昇進，而由身份地位親戚朋友關係或父兄的引進而上達，不能用智識及勤勉而測定材力。在未來社會我們現在所認爲賢愚勤惰的差別都要消滅。現在的社會，對於因失職而浮浪而至於流落的人們，都叫做『懶惰者，』對於因惡教育而犧牲的人們，也用同樣稱呼。但是假使用這種稱呼去叫眞在度懶惰放縱生活的富人們，便當作失禮。這是什麼緣故呢？因爲富人是『應該尊敬』的人。

在新的社會中，萬人在同一生活條件下面生長，各人都能依據自己的個性嗜好發展天才，所以個人間人爲的差別，一定很少。刺激各人而與他人競爭的雰圍氣也可以幫助減少這種人爲的差別。人們如覺悟他在某種職業上自己不及他人，或某種職業與自己不適合，他一定能夠立刻去找更適合於他自己的職業。對於天生無能即使有良好意志而實際能力不及他人的人們，這實在是自然的過失，社會不能對於他個人處罰，另一方面，對於天賦過人的天才，社會也不能因爲他的『天賦』而過分的優遇。在新的社會，各人的成就，雖因稟賦而有高下，但其發端的教育的機會，卻是平等的。所以智識與能力，都依照個人的天稟而發展。這種教育的結果，知識能力，一定能夠超過目前受各種不合理的限度的社會之上，而且因爲平等分布的結果，發展的樣式也必更爲增加。

(三)社會主義社會的婦女生活

俄國婦女的地位，素來要比西歐國家低得多，社會上對於女子，極其輕視，習慣上種種禮教之束縛，尤爲嚴酷。所以俄國有多諺語說：『牡雞不是禽，婦人不是人』(Chicken are not birds and women are not people)。這與我國鄉間流行的『爛鐵不能當銅，婦女不能當人』的一句俗話，是同樣的。女子外出須以巾蒙面，裙長拖地，足尖不能外露，這些風俗直至一九一七年革命前在鄉間仍然存在着。

十九世紀末，俄國資本主義已漸萌芽，資本的蓄積，已經開始，外國的資本亦已有大量的輸入，於是新式的工業，逐漸建立，工廠的數目逐漸增多，舊有的手工業不可避免地相繼破產。這結果使一部分的農民婦女，爲着經濟的壓迫。不得不加入工廠的勞動。她們在地主所辦的廠裏工作，整整的一個白天以外還要繼續做兩枝蠟燭的夜工，假若女子不堪忍受，私自逃跑，那末，尋獲以後的酷刑是不可想像的，換句話說，她們一進了工廠，就是絕對的奴隸，不死是不能終止這非人的生涯的，後來在大紡織廠內，雖說比較開明一點，但每日的工作時間，還是十四五小時，而月薪卻不過十個盧布，比男子的工資要少一半。

在夫妻關係上，則丈夫對於妻子，有絕對的尊嚴，可以任意虐待或鞭打，做妻子的無權向法律伸訴。

比如帝俄時代民法上第一〇七條關於夫婦權利與義務規定是：『妻須尊夫爲一家之長，應親愛，尊敬，恭順，並須表示温柔取悅及依依戀慕之情，以盡婦道。』

但自從一九一七年『十月革命』之後，隨着社會制度的改變，蘇俄的婦女們就開始了新的生活。男女在社會上，得處於絕對平等地位，婦女已經有充分的自由，已經同男子一樣擔負起創造歷史的新使命了。

在蘇聯結婚沒有一定的儀式，只要雙方同意已達結婚年齡（十八歲）的，就可以到『人口登記局』（Zags）去登記，登記的意思，是爲保護小孩的利益，卽是說兩性同居後，夫方須有擔負小孩養育費之義務。離婚亦然，故婚姻的手續極爲簡單。

妻從夫姓的習慣，也已經沒有，在登記結婚時兩方各用原姓。至於共取夫姓或共取妻姓，亦隨自願。

結婚不履行這登記手續的，在法律上所負的義務也還是一樣的，不過蘇聯法律不承認且嚴行禁止下列幾種婚姻：

1. 十八歲以下結婚者無效。
2. 同血統者如叔姪或堂兄妹不能結婚。
3. 宗教結婚者無效。
4. 有疾病者，如有花柳病或精神病者不能結婚。
5. 與有夫之婦或有婦之夫結婚無效。

在蘇聯離婚也極其簡單，蘇俄婚姻法第十八條規定：

『夫妻生時，不論出於兩方同意或出於一方志願婚姻均可宣告停止。』

若果兩方不願意同居，就可到『人口登記局』聲明『我們要離異』，就完事了，用不着請律師和證人。

在夫妻離異時，若男子不反對，照例小孩是歸女子撫養，而男須每月交薪資三分之一，至小孩長至十八歲時止，如果男子而不履行此項義務，則爲違法。

此外在離異時，法律也規定若女子失業，或無力謀生時，男子須按月津貼其生活費一年。惟以薪資三分之一爲限。同樣，若女子有職業而男子爲失業時，女子須津貼男子生活費一年。

在蘇聯，離婚雖然這末容易，但一般離婚率並不大。比如在羅斯托夫（Rostov）人口登記次數爲三四十次，在小城市和鄉村更少。結婚登記次數，比較任何國家，不能算多。

蘇聯政府當局，是特別注意於下一代的兒童，故有託兒所的組織以補救不能勝父母之責者的子女的教養，一方面由政府有計劃的創辦這些機關，他方面，工廠和集體農莊，都劃出一定款項來設立以收容本廠或本農莊工作人員的小孩。有時各大機關職員集款設立，以收容本機關職員的孩兒。這樣的機關，負責照管工作時間的男女工人的幼年子女，給他們以適當的教養和訓練。

託兒所嬰兒院都聘有專門知識的醫生，保姆教師，每所收容的兒童可達五百至千名小孩的衣服、飲食、起居、住所，都是用科學的方法，有規則的經營。三歲至七歲的小兒則設有幼稚園。有兒童教育專家主持事務，隨時研究改善教育兒童的方法。

本來託兒所、幼稚園這類組織，在英美等國也極常見，但在此等國家，這類的機關大都由私人所設立，規模較小，在蘇聯純由國家所主持，多少帶強迫的性質。而且蘇聯正在建設時期，集中的工人的數目，常在數萬以上，工人的子女正希望有安全的照顧，所以託兒所等特別合他們的需要。據統計（一九三二年）全蘇聯各大工業中心每日託兒所照管的工人的小孩（數月至三歲的）共計達八十七萬九千七百餘名，此外未屆學齡而入幼稚園的兒童（由三歲至七歲）計達二百七十五萬五千餘名，單就農村方面說，據一九三一年八月間統計，常設託兒所計有二千三百八十四個，地方託兒所計有五萬六千九百七十八個，野外託兒所計有四千零四十三個，幼稚園計有一千五百八十二個，兒童遊藝場計有六萬六千五百四十五個。

蘇聯婦女既廣大的加入社會生產工作，所以在法律上對於婦女勞動和母權的保護，也就特別周到。蘇聯孕婦產前產後可得到四個月（產前兩月，產後兩月）的休息，薪資仍照發給。有孕和哺乳的婦女，並絕對禁止作夜工和笨重工作。

此外，國家有計劃的辦有完善的接生醫院，分佈全城各區，孕婦即可在附近接生醫院隨時診視，快要生產的時候，便可叫一輛馬車或汽車到本區接生醫院，產後可住一星期，所費共計不過交七盧布而已。

其次我們再把蘇聯現行民法上關於保護婦女勞動和母權的規定，摘錄幾條於後：

第十三條 下列情形得免勞動服役：

甲、……

乙、產前八週之孕婦及產後八週之產婦。

丙、……

丁、……

第四七條 孕婦生產於超出第九二條所規定四月期限外，仍失卻勞動力者，得再延期兩月。

第三一條 嚴禁孕婦及哺乳婦女擔任夜工。

第三二條 從事體力勞動的婦女，產前產後得各解除工作八週，從事精神勞動的婦女，產前產後得各解除六星期。

第三四條 乳婦除一般休息時間外，尚得有給嬰兒哺乳之附加休息時間，至準確休息時間，由各廠內部規定，但每次哺乳時間不能少於二十分鐘，其延長不得超過半點鐘，凡此休息時間，皆以工作時間計之。

這種蘇聯婦女經濟的解放，在法律上又得了一層保障。在蘇聯社會上任何職業都不分性別，婦女業已大量地加入於社會生產工作，以謀獨立的經濟生活。電車上售票員、郵局職員、公私機關辦事員、商店店員、消費合作社售物員等等，大半都是婦女充任的。在普通職業方面，婦女充任教師、醫生等等，往往超過男子，比如據一九三二年上半年的統計，中小學校教師，女性平均要佔百分之五五·四，婦女充法庭審判員的也達百分之二十以上。女醫士在一九三二年上半年已增至百分之七二·六了。

在實業勞動方面，五年計劃之實施和一般經濟建設之展開，婦女更是成千成萬的捲入於工業之中，一九三二年底，全蘇聯女工共計已達六百五十餘萬。如果將蘇聯大工業中心工人統計加以核算的話，就可看出女工幾乎要佔全體工人之半數。如莫斯科一九三一年全部工人爲六十萬七千九百餘人，其中女工達二十九萬一千五百六十餘人，列寧格勒同年全部工人爲二十九萬五千餘人，其中女工竟達二十五萬，由此可看出蘇聯婦女在生產上之作用，亦可看出她們在經濟上之解放。

因經濟建設工作之展開，工人缺乏，婦女也捲入重工業之中。煤礦鐵廠耕種機製造廠等等，都有婦女在工作。據一九三一年七月一日統計，蘇聯重工業全體工人中女工計居百分之二十二，個別說來，機械工業中女工佔百分之一八，電氣工業中女工佔百分之四，化學工業中女工佔百分之一四。

此外蘇俄女工，也並不限於體力勞動者，她們同男子一樣，充工程師、充技師、充工廠經理。這種人的數目也因教育機會的平等而逐漸擴充。

工廠女工工資普通約在九十盧布左右，掃地女工工資為五十盧布，且年有增加。至一九二四年的時候，全蘇聯各種工業部門工人工資平均為三九盧布，到一九三一年這平均數已增至九十盧布，七年之間差不多增加了一倍多，社會上一般工作時間，不論男女，一律為七小時，有孕婦女，不許作夜工的。

蘇聯現爲改善一般人民生活起見，在黑海沿岸，南北高加索一帶，設立了一些休息所和療養院，可供男女工人的休養，費用由工廠或服務機關支付，在休息期間，工資照給，休養所每天吃五次，食物特別豐富美好。進出休養所時，身體均須過磅，看增加了體重多少。

在現代社會之下，一部分貧無靠的可憐的婦女，往往因爲經濟的壓迫，不得不去操皮肉生涯，以謀生存。自稱文明國的大城市中心——巴黎、倫敦、紐約，依此爲生的婦女，常達至萬人者。在帝俄時代，這種可憐的婦女，自然也是爲數不少的。

現在的蘇聯，隨着社會政治及經濟制度變更，成爲大規模商業制度的賣淫也就絕跡了。因爲產生賣淫的諸原因，如婦女經濟的不獨立，社會上對婦女的壓迫和束縛，婚姻制度的不良，婦女文化的落後等等，我們由前邊看到，在蘇聯都已經剷除了。同時蘇聯政府對於賣淫，也竭力嚴行制止，設法撲滅。一九一九年末，蘇聯政府衛生人民委員部，即特設一『制止賣淫聯合委員會』專門進行消滅賣淫之事。後來又和社會保險人民委員部設立一『制止賣淫聯合委員會，』並令各省區政府社會保險科成立分會。當時制止賣淫委員會消滅賣淫的方法是：

第一、令各地公私機關在裁減人員時，對於生活無保障和經濟不穩固的婦女（如孤獨的婦女，無家可歸的女子，孕婦以及有小孩的婦女等）之解僱，須特別愼重。各勞動保護所，職工會，及婦女部，對此等婦女利益更爲關心，以免稍一不愼，將不穩固的婦女推入於賣淫之列。

第二、各地倡辦工農業類的生產組合，以收容程度不高的失業婦女。此類組合，由各地經濟機關籌劃辦理，其廠址、用具、供給、信用貸借等，政府均特予以優待。

第三、職業學校特增收女子，以增加女子謀生之能力。

第四、開辦失業婦女公共宿舍，及新到界地婦女臨時居住處等，以免婦女漂流，無所依歸。

第五、擴大文化工作，向一般羣衆說明賣淫之本質及其罪惡與可恥等。

其次，蘇聯行政方面又竭力實行對引誘婦女加入賣淫之監督方法，凡引誘婦女賣淫或蓄娼妓者，在法律上須受嚴重的懲辦。

蘇聯民法上規定：

第一五五條　將花柳病傳染於他人者，處以褫奪自由三年之懲罰。

第一五五條甲項　經過性關係或其他行爲有傳染花柳病於他人之危險者，得判決剝奪自由或處罰苦工六個月。

第一五五條乙項　利用物質上或服務上之服從關係而強制婦女發生性關係者，處以一六九條（剝奪自由三年以上）所規定之懲罰。

第一七〇條　利用肉體或心理影響以謀利，或其他個人方式，強迫婦女從事賣淫者，剝奪自由，並拘四三年以上。

第一七一條　設立娼窟及徵募婦女賣淫者，剝奪自由三年以上，並沒收其全部或一部份財產。若誘人賣淫者係受被告保護或隸屬於被告者，或尙未成年者，剝奪自由得增至五年以上。

現在蘇俄各大城市，公開賣淫者自然業已完全絕跡，暗娼亦已大大的減少，暗娼的活動，受警察的嚴密偵察，若被發現，即迫使其在工廠作工。

第二章　現代中國婦女問題

第一節　中國婦女現狀

自從中西文化接觸以來，婦女的地位也發生了重大的變化。無論在教育機會，職業自由，及法律地位各方面，她們已經取得了與男子平等的地位。在過去，一般人都認女子無才便是德的，現在女子卻具有受完全教育的機會了，全國的各大學及大部分的中學幾乎都是兼收男女學生的，此外尙有專門爲女子設的女子大學女子中學。民國二十一年度全國大學女生有三、二九〇人，專科學校有五五九人，出國的留學生有八九人，中學女生有六九、九四一人，師範學校女生有二三、七三八人，職業學校有九、三七六人。這可以表顯出女子教育的進步。職業方面，至少在名義上，除了非女子體力所能勝任者外，幾乎無不有婦女的增加。婦女經濟上謀生機會的擴大，因而使婦女的地位，發生相應的提高。在法律方面，中國的婦女已與世界任何文明國家可以媲美。自然中國有悠久的歷史，數千年來的以家族爲重以個人爲輕的倫理思想，仍有相當的勢力，法律上規定給予婦女的權利，婦女事實未必完全能夠享受，但隨着時間的過去，在不久的將來，中國的婦女一定會有更充實的發展。

第二節　一般的婦女問題

(一)婚姻問題：

在近代唯物主義的文明之下，經濟的動機占最要的地位，一切都不免帶上商品化的色彩。就是應該根據於較高尙動機的婚姻關係，也不免受近代唯物主義的影響。所謂親子間、夫妻間、朋友間的一切情誼及信義關係，亦在露骨的利己主義打算之下變化成金錢的利害關係。婚姻也是同樣，逐漸失去它倫理的生物的屬性，而成爲單純的經濟制度。

在原始時代，婚姻原是單純的經濟的制度，浪漫的戀愛是比較後起的產物，一直至個人主義已有相當發展以後，於是纔有以戀愛爲婚姻主要根據的論調。這種主張反對以家長利益爲前提而無視婚姻當事者的愛情的結婚制度。他們主張個人的人格，提倡自由戀愛，特別重視男女的純粹愛情的結合，他們不僅主張男女的婚姻自由，同時承認婦女也有自行擇夫的權利。直至最近主要由於社會學的進步，於是又有些學者，主張推廣個人主義的狹隘的看法，把婚姻制度視爲純粹生物的尤其是種性的制度，它的目的，一方面在於男女雙方的健全的常態的發展，另一方面同時也更重要的，即產生出更健全的後代。目前的婚姻制度即處於這種過渡之中。

在現社會結婚和戀愛幾乎成了兩個相互反撥的概念。所謂眞正自由戀愛假使沒有保證愛情的金錢作後盾，往往不能成功美滿的結婚。所以在現代人間，眞正戀愛的結婚，爲數極少，結婚的頹廢傾向表現出來值得我們注意的有如下幾點：

第一是不合法的結婚，即所謂友愛結婚（中國的姘頭結婚）這在法律上是不承認爲正式夫妻，但這種男女的結合已在廣泛的實行。而他們所生的子女也自然成爲法律圈外的，爲人們所鄙視的私生兒。這種結合，因爲沒有法律的保障，所以極不穩定，在決裂之時受犧牲的往往是女性。作同居生活的男子，一部份在家庭中早有髮妻，他們用了金錢勢利及或其他種種不當的方法，引誘婦女作不合法的同居，但到他覺得厭倦的時候，便棄之如敝屣。婦女卽使申訴於法律之前，卽使獲得法律的勝利，物質上精神上的損失已無法補償了。

第二媒介結婚在歐美各國是由介紹所介紹而結婚，從中取得嫁粧費百分之幾的酬勞。在中國這種企業也在祕密的形態中進行，在廣東有所謂「媒家」也是婚姻介紹所的一種。據報載最近在浙江永嘉縣公開設立所謂美滿婚姻介紹所，爲當局所取締。此外經朋友的介紹，而便成爲婚姻的亦不在少數。卽變相的媒妁而已。

第三是廣告結婚，在歐美各國十九世紀末葉已很普遍的實行，大戰後在日本，乃至最近在我國，也日見增加。我們在報紙上差不多常常看到。男女徵婚的廣告。這裏値得注意的，就是在廣告中，婦女求婚者則必說明自己的品性是如何柔和，溫順，優雅，而男子，求婚者，必說明自己是如何有錢，有職業，有本領，這多少證明男女商品性質有着本質的差異的事實，卽男子以金錢尋求愛情，婦女則以品性來表示愛情，下面從某日本新聞抄出求婚廣告二則，以供參攷。

『「要嫁」四一，美貌豔麗，純日本式溫和型女性美，無子單身……』

『「求妻」三十二，實業紳士，財產多，收入豐富，無子，健體男性美……』

上述的所謂姘頭結婚、媒介結婚、及廣告結婚等，都是表現近代社會的結婚制度的頹廢傾向。『父母之命，媒妁之言』的封建結婚形式固不足談，『婚娶而論財，夷猶之道也』的高論也早已失去其意義。一位公爵的兒子喜歡去當罐頭製造業者的女壻，固極平常，書香之家，娶有錢的商人之女作媳婦也絲毫不稀奇。『有利益的結婚』『幸福的結婚』是近代市民階級的最重要的目標，這裏無所謂眞正的愛情，戀愛或『赤心』的交合，而祇有金錢在支配着。

上述結婚的種種頹廢傾向，必然引起離婚數的增加。近代的市民階級是以一夫一妻制爲惟一合理的神聖的結婚形態，並且以此爲家族制度的最穩固的基礎。但是，這所謂一夫一妻制，實際上是以婦女對男子的隸屬及犧牲爲基礎而建築起來的東西，換言之，祇要婦女單獨去遵行這個規矩，而男子則隨時過着一夫多妻的生活。有錢的男人除本妻外，尙有妾媵婢嬪，以至街頭的妓女，但其本妻以及妾婢等都不能有第二個男性。這一種雙重的性道德，引起了種種的無謂糾紛。男性憑了這一點，可以妄作妄爲，絕鮮顧忌，一般輿論也視爲當然，不加問聞，但在婦女方面卻無形中受種種的束縛，如果有什麼事件發生，社會輿論便會大肆譏評，痛加申斥。這種不合理的現象，亟應由開明的男女加以改進。

昨天用姘頭式、媒介式、廣告式，及其他種種方式結婚的夫妻，假使發見其對象不合自己意思的時候，今天便馬上可以提出離異，另覔其有利的對象，所謂情面，信義等早已被露骨的利害關係所撕破而無餘了！在這種情形中，所謂一夫一妻制已失去原來的一生同居關係的性質，而成了『被修正的一夫一妻制或連續的一夫多妻制。』

大戰後各國離婚率的增加實達於可驚的數目。在第一章中我們已曾提及各國離婚率的增加。據玻利夫孫的說明：德國的離婚數在戰前已漸漸增加，但到大戰後離婚曲線便急激的上升。在每十萬人中，一九一三年有二六・一組的離婚，但一九二三年增至五五組，一九二四年增至五七・三組，一九二五年爲五五・三組，又據結婚的破產的著者卡爾瓦登的調查，『在一九一八年和一九一九年法國的離婚數自七千八百五十一件增至一萬一千五百十四件，英國自一九一八年的二千二百二十二件，增至一九二一年的七千四十四件，德國離婚數目自一九一八年的一萬三千三百四十四件增至一九二〇年的三萬六千五百四十二件，在瑞士自一九一八年的一千六百九十九件增至一九二〇年的二千二百四十一件，在瑞典自一九一八年的一千〇九十八件增至一九二三年的一千四百五十五件，在美國一九二六年有十八萬〇八百六十八件的實陳離婚，和三千八百二十三件的結婚取消，其數的增加最爲廣汎而深刻。』

各種統計，在我國歷來是非常缺乏的即使有了，因爲統計技術的不完備，故可信的程度仍是問題，所以要從數字上得知中國離婚的確數和現狀簡直是不可能的事，現在憑着這所搜集的一點材料，或者可以由一部的實況，推測其他。現在我們且從上海市社會局發表的離婚統計討論起。

一、民國十七年八月至十二月上海市離婚統計——離婚原因分析表

原因　件數　月份	八月	九月	十月	十一月	十二月	總計
意見不合	五七 六九·五一	五六 七〇·〇	三七 七七·〇九	四八 五六·四七	六三·三三	二四七

	八月	%	九月	%	十月	%	十一月	%	十二月	%	總計
經濟壓迫	二	二·五六	三	三·八〇	一	二·〇八	七	八·二四			一三
遺棄			×四	五·〇〇×	×三	六·二五×	×二	二·三五×			〇
對方有不道德行爲	九	一〇·九七	九	一一·二〇	四	八·三四	一〇	一一·七六		一四·六〇	四三
重婚											〇
虐待或侮辱	一〇	一二·一九	四	五·〇〇	一	二·〇八	八	九·四一		一〇·六七	三一
疾病	三	三·六六	一	一·二〇	一	二·〇八					五
舊式婚姻	一	一·二二			一	二·〇八	七	八·二四	五	六·六七	一四
不明			四	五·〇〇	三	六·二五	二	二·三五			九
其他			三	三·八〇			三	三·三五	二	二·六七	八
合計	八二	100	八〇	100	四八	100	八五	100	七五	100	三七〇

二、民國十七年八月至十二月上海市離婚統計——離婚主動者分析表

主動者／數／月份	八月	%	九月	%	十月	%	十一月	%	十二月	%	總計
男方	一三	一五·八五	九	一一·二〇	六	一二·五〇	一二	一四·一二	一六	二一·三三	五六

女方	雙方協議
一二	五七
一四·六三	六九·五二
一八	五三
二二·五〇	六六·三〇
一〇	三二
二〇·八三	六六·六七
二五	四八
二九·四一	五六·四七
二二	三七
二九·三三	四九·三四
八七	二二七

三、民國十八年上海市離婚統計——離婚原因分析表

月份（件數／原因）	意見不合	經濟壓迫	捲逃	遺棄
一月	34			1
	79.02%			2.33
二月	18			
	85.72			
三月	39	1		1
	86.66	2.33		2.23
四月	61			2
	83.56			2.74
五月	55			1
	88.71			1.61
六月	49			4
	74.24			6.06
七月	51	1		
	91.07	1.79		
八月	58	1		
	84.06	1.45		
九月	51	5		
	70.84	6.95		
十月	44	1		7
	55.00	1.25		8.75
十一月	16			1
	59.26			3.70
十二月	25			
	80.64			
總計	501	9	0	17

對方有不道德行為	重婚	虐待或侮辱	疾病	舊式婚姻	其他	合計
8						43
18.60						100
2		1				21
9.52		4.76				100
2		2				45
4.44		4.44				100
7		2	1			73
9.59		2.74	1.73			100
6						62
9.68						100
7		2			4	66
10.60		3.03			6.06	100
4						56
7.14						100
5		1	1	3		69
7.24		1.45	1.45	4.35		100
5		4		3	4	72
6.95		5.55		4.16	5.55	100
8		3		3	14	80
10.00		3.75		3.75	17.50	100
3		1	1	2	3	27
11.12		3.70	3.70	7.40	11.12	100
4				2		31
12.91				6.45		100
61	0	16	3	13	25	645

四　民國十八年上海市離婚統計——離婚主動者分析表

月份（主動者／件數）	男方	女方	雙方協議
一月	12	7	24
	27.91%	16.28	55.81
二月	1	4	16
	4.76	19.05	76.19
三月	11	8	26
	4.44	17.78	57.78
四月	17	18	38
	23.29	24.66	52.05
五月	16	14	34
	25.81	19.35	54.85
六月	20	21	25
	30.30	31.12	37.88
七月	10	12	34
	17.86	21.43	60.71
八月	15	9	45
	21.74	13.04	65.22
九月	7	9	56
	9.72	12.50	77.78
十月	14	21	45
	17.50	26.25	56.25
十一月	5	6	19
	18.51	22.23	59.26
十二月	5	6	20
	16.13	19.35	64.52
總計	133	133	379

五、民國十九年上海市離婚統計——離婚原因分析表

月份（原因／件數）	意見不合
一月	31
	73.83%
二月	42
	63 63
三月	58
	71.72
四月	68
	80.95
五月	85
	72.65
六月	26
	56 53
七月	50
	67.57
八月	48
	66.67
九月	37
	84.09
十月	56
	82.35
十一月	68
	75.55
十二月	57
	82.61
總計	626

疾病	虐待或侮辱	重婚	對方有不道德行爲	遺棄	捲逃	經濟壓迫
	2		7			
	4.76		16.66			
	3		13	6		
	4.54		19.69	9.09		
	2		14			2
	2.46		17.28			2.46
	3		12			
	3.57		14.28			
3	2		12	3		2
2.56	1.71		10.26	5.13		1.71
			13			1
			28.26			2.17
1	3		13			
1.35	4.05		17.57			
1	3		10			
1.38	4.17		13. 9			
			5	1		1
			11.37	2.27		2.27
			6	1		1
			8.82	1.47		1.47
			13	2		
			14.45	2.22		
			6			1
			8.69			1.45
5	18	0	124	13	0	8

舊式婚姻	其他	合計
1	1	43
2.32	2.32	100
2		66
3.03		100
1	2	81
1.23	2.46	100
1		84
1.19		100
3	4	117
2.56	3.42	100
	6	46
	13.04	1 0
3	4	74
4.05	5.41	100
	10	72
	13.89	100
		44
		100
	4	68
	5.89	100
	7	90
	7.78	100
	5	69
	7.25	100
11	43	853

六、民國十九年上海市離婚統計——離婚主動者分析表

月份／件數／主動者	男方	女方	雙方協議
一月	9	2	31
	21.42	4.76	73.57
二月	18	14	34
	27.27	21.21	51.51
三月	14	21	46
	17.28	25.92	56.79
四月	10	13	61
	11.90	15.48	72.61
五月	17	20	80
	14.53	17.09	68.38
六月	16	6	24
	34.78	13.04	52.18
七月	22	10	42
	29.73	13.51	56.76
八月	17	13	42
	23.61	18.06	58.33
九月	3	3	38
	6.81	6.81	86.38
十月	8	7	53
	11.77	10.29	77.94
十一月	26	16	48
	28.89	17.78	53.33
十二月	17	13	39
	24.64	18.84	56.52
總計	177	138	538

七、民國二十三年一月至八月上海市離婚統計——離婚原因分析表

月份 ＼ 件數 ＼ 原因	意見不合	經濟壓迫	捲逃	遺棄	對方有不道德行爲	重婚
一月	36	1	1	1	1	1
	87.80	2.43	2.43	2.43	2.43	2.43
二月	23	1	3	1		
	82.10	0.36	1.07	0.36		
三月	37			1		
	90.24			2.40		
四月	30			4	1	
	81.08			10.81	2.70	
五月	26					
	96.29					
六月	24		1	1		
	88.88		37.03	37.03		
七月	21			2		
	84.00			8.00		
八月	20			2		
	86.95			8.69		
九月						
十月						
十一月						
十二月						
總計	217	2	5	12	2	1

八、民國二十三年一月至八月上海市離婚統計——離婚主動者分析表

主動者／件數／月份		虐待或侮辱	疾病	舊式婚姻	其他	合計
一月						41
						100
二月						28
						100
三月		3				41
		7.31				100
四月		1	1			37
		2.70	2.70			100
五月		1				27
		3.71				100
六月		1				27
		37.03				100
七月		2				25
		8.00				100
八月		1				23
		4.35				100
九月						
十月						
十一月						
十二月						
總計		9	1	0	0	249

男方	女方	雙方協議
	4	35
	9.75	85.36
	5	23
	17.85	82.14
	4	37
	9.75	90.25
	7	30
	18.91	81.09
	2	25
	7.41	92.59
1	2	24
3.70	7.41	88.88
	4	21
	16.00	84.00
	3	20
	13.04	86.96
1	31	215

先以民國十七年八月至十二月五個月中看離婚案件共計三百七十件，平均每月約七十四件，該時上海全市人口約二、七〇〇・〇〇〇人，與離婚案件比例起來每十萬人中每年約有三二・八九件離婚案發生，卽有六五・七八人離異。當然這個數目與美國等比較起來是很小的，但是一則此僅指法庭判決者而言，此外由雙方協議離婚者尚不在內，再則中國的傳統思想一向反對離婚，故離婚的數目雖小，意義卻極重大。表三表五所示，民國十八年之離婚案數爲六四五件，十九年爲八五三件，則似稍爲退減。至如表七之二十三年八月來統計。離婚數或減少一半以上。但此

項材料與上數表來源不同。調查方法，容有出入之處。

至於離婚的原因看歷年來的統計。『意見不合』往往在百分之七十以上，如九表所示，自民國十八年至二十一年離婚原因的分析，總計以意見不合爲最多，佔全數之百分之七八·六八。夫婦意見不合似乎尙不至於到非離不可的程度，所以在意見不合的原因中，容有不少假借的飾辭。眞正的原因恐不在於此吧！

對方有不道德行爲是第二個主要的原因，表九中所列佔百分比數爲七·六八。這可見得社會道德的低落！

因虐待和遺棄的比較也多一點，這足以證明現代家庭在怎樣動搖的狀態中，這些材料中可注意的有兩點（一）因受對方虐待而致離婚者，可以說全數由女子提出。（二）因對方有不道德行爲而致離婚者。多由男子提出，這也可由新聞紙的統計上得到證明的。足見吾國對於男女貞操上之責任的不平等。依美國的離婚統計，丈夫犯姦淫而妻子請求離婚者亦較妻犯姦淫而丈夫提出離婚者爲少。以百分計爲四〇·九與五九·一之比，大概近代的性道德觀雖已有趨於劃一的趨勢，但目前仍不脫雙重道德的痕跡。

九、民國十八年至二十一年上海市離婚統計——離婚原因分析表

年份 / 件數 / 原因	民國十八年 實數	民國十八年 %	民國十九年 實數	民國十九年 %	民國二十年 實數	民國二十年 %	民國二十一年 實數	民國二十一年 %	總計 實數	總計 %
意見不合	五〇一	七七·六七	六二六	七三·三九	五三三	八六·三九	三五九	八六·五二	二〇〇八	七八·六八
對方遺棄	一七	二·六四	一六	一·八七	八	一·二五	一三	三·一三	五四	二·一二
外遇					二〇	三·一三	四	〇·九六	二四	〇·九四
虐待及侮辱	一六	二·四八	一八	二·一二	八	一·二五	九	二·一七	五一	一·九八
捲逃					四	〇·六三	七	一·六九	一一	〇·四三
對方有不道德行爲	六二	九·四六	一二四	一四·五三	三	〇·四九	八	一·九三	一九六	七·六八
對方疾病	三	〇·四六	五	〇·五九	二	〇·三一	六	一·四五	一六	〇·六三
經濟壓迫	九	一·三九	七	〇·八二	三	〇·四七	四	〇·九六	二三	〇·九〇

	民國十八年		民國十九年		民國二十年		民國二十一年		總計	
	實數	%	實數	%	實數	%	實數	%	實數	%
買賣婚姻	一三	二·〇三	一一	一·二九	二	〇·三一	一	〇·二四	二七	一·〇五
重婚							一	〇·二四	一	〇·〇四
其他			四一	四·八一	二三	三·六〇	二	〇·四八	六六	二·一九
不明	二五	三·八八	五	〇·五九	一四	二·一九	一	〇·二四	四五	一·七六
總計	六四五	100	八五三	100	六三九	100	四一五	100	二五五二	100

十、民國十八年至二十一年上海離婚統計——離婚主動者分析表

主動者　件數　年份	民國十八年		民國十九年		民國二十年		民國二十一年		總計	
	實數	%	實數	%	實數	%	實數	%	實數	%
男方	一三三	二〇·六二	一七七	二〇·七五	六四	一〇·〇二	二五	六·〇二	三九九	一五·六三
女方	一三三	二〇·六二	一三八	一六·一八	四八	七·五一	四三	一〇·三六	三六二	一四·一四
雙方	三七九	五八·七六	五三八	六三·〇七	五二七	八二·四七	三四九	八三·六二	一七九	七〇·一八
總計	六四五	100	八五三	100	六三九	100	四一五	100	二五五二	100

此兩表根據民國二十二年上海市統計（上海市地方協會出版）改編

＊民國二十一年因滬戰一二三四月上海市社會局未辦統計

離婚之提出以雙方協議為最多，民國十八年佔全數百分比的五八・七六，十九年佔六三・〇七，二十年佔八二・四七二十一年佔八三・六二百分比有逐年增高的趨勢，四年來之平均數為七〇・一八。此種雙方協議之離婚，事實上未必雙方同時提出，就美國說，其中當以女子蓄意為最多，但我國統計所示，則其情形稍異，由一造提出之案件為數甚少，男女方提出之案件數目大致相同。觀表十，四年來之平均數，男方提出者佔百分之一五・六三，女方佔一四・一四。或者中國之女子經濟上尚少獨立，離婚之程度亦不及外國普遍，故由女子提出者比較他國要少些。

廣州離婚統計（十八年）

日期＼原因	虐待侮辱
一月	二
二月	一
三月	四
四月	一
五月	一
六月	一
七月	一
八月	一
九月	一
十月	一
十一月	一
十二月	一
合計	一一
百分比	二三・四

重婚及他戀	意見不合	遺棄	經濟壓迫	惡習	疾病	其他	合計
—	—	—	—	—	—	—	二
—	—	—	一	—	一	—	二
一	二	二	—	—	—	—	九
三	一	一	—	—	—	一	七
—	二	—	—	—	—	一	三
—	—	—	一	—	—	—	二
三	一	—	—	一	—	—	五
—	二	一	一	一	—	—	五
—	—	一	—	一	—	—	二
一	—	—	一	—	—	—	三
—	—	—	—	—	—	一	二
二	一	一	—	—	—	—	五
一〇	九	六	四	三	一	三	四七
二一·三	一九·一	一二·八	八·四	六·三	一·八	六·三	一〇〇%

離婚主動者（廣州十八年）

原因＼主動	男	女	合計
虐待（侮辱）	一	一〇	一一
重婚（他戀）	二	八	一〇

意見不合		九	九
遺棄		六	六
經濟壓迫	一	三	四
惡疾		三	三
疾病		一	一
其他	一	二	三
合計	五	四二	四七
百分比	一〇·六%	八九·四%	一〇〇%

民國十八年，廣州法院離婚案件共有四十七起，離婚原因以『虐待及侮辱』一項最多，『重婚及他戀』『意見不合』『遺棄』等次之，因件數過少，所差不過一二件，未能代表原因中之孰輕孰重，大抵前列數項與其他統計結果相比尚不失為重要理由。

離婚之原因（廣州十九年）

原因	件數	百分比
虐待	四五	三二·一
行爲不端	二四	一七·一
意見不合	一八	一二·八
遺棄	一六	一一·四
重婚或騙婚	一一	七·八
疾病	六	四·三
被誣陷	五	三·六
經濟壓迫	四	二·八
逃亡	四	二·八
其他	七	五·二
合計	一四〇	一〇〇%

離婚主動者（廣州十九年）

原因＼主動者	雙方	女方	男方	合計
虐待		四四	一	四五
行爲不端	一一	一三		二四
意見不合	二	七	九	一八
遺棄		一六		一六
重婚或騙婚	一	九	一	一一
疾病		六		六
被誣陷		五		五
經濟壓迫	二	二		四
逃亡	三	一		四
其他	一	五	一	七
合計	二〇	一〇八	一二	一四〇
百分比	一四·二	七七·二	八·六	一〇〇%

民國十九年廣州離婚案，共有一百七十四起，其中包括訴訟離婚、協議離婚及解除婚約。如將解除婚約一項（共三十四件）除外只能將離婚原因列一較簡表格說明。在一百四十件離婚案中，仍以『虐待』爲主要的理由，『行爲不端』『意見不合』『遺棄』等之地位仍如前一年之舊（見表。）

主動者方面，則以女子主動者爲最多，共一百零八件，約佔全數百分之七十七。男方主動者共二十件，雙方同意者祇有十二件，可見廣州採用協議離婚方式的人尙少（見表。）女方主動的離婚理由還是『虐待』及『遺棄』最多，但『行爲不端』一項亦以女方主動者較多，已婚年數及離婚者年齡的比率，與民國十八年相同。

離婚者已婚年限（天津十五、十六、十七年）

已婚年限＼日期	十五年	十六年	十七年	合計	百分比
不滿一年	五	一一	六	二二	二三·九

一年至五年	四	七	七	一八	一九・六
六年至十年	五	一	六	一二	一三・〇
十一年至十五年	三	三	一	七	七・六
十六年至二十年			一	一	一・一
不明	七	一三	一二	三二	三四・八
合計	二四	三五	三三	九二	一〇〇%

離婚之原因（天津十五、十六、十七年）

原因＼年限	十五年	十六年	十七年	合計	百分比
逼娼	六	一三	八	二七	三〇・六
虐待	三	一〇	八	二一	二三・八
行爲不端	五	三	五	一三	一五・九
重婚或騙婚	三	二	二	七	七・八

離婚主動者（天津十八年）

主動者	件數	百分比
男方	四	一四・三
女方	二四	八五・七
合計	二八	一〇〇%

意見不合	二	五	一	八	九・〇
遺棄	二		二	四	四・五
疾病		一	一	二	二・三
嫌夫醜惡			二	二	二・三
逃亡	一		一	二	二・三
經濟壓迫	一			一	一・一
不事翁姑	一			一	一・一
合計	二四	三四	三〇	八八	一〇〇%

離婚之原因（天津十八年）

原因／日期	七月	八月	九月	十月	十一月	十二月	合計	百分比
虐待	三	三	一	三	一	一	一二	四二・九
意見不合	一	一	—	一	一	—	四	一四・三

行爲不端	一	—	—	—	一	一	三	一〇·七
對方有疾	—	—	二	—	一	—	三	一〇·七
嫌夫貌醜	—	—	—	一	一	—	二	七·二
遺棄	—	—	一	—	—	—	二	三·六
經濟壓迫	—	—	—	—	一	—	一	三·六
買賣婚姻	—	一	—	一	—	—	二	七·二
合計	五	五	四	六	六	二	二八	一〇〇%

天津的離婚統計的成績，遠不如上海與廣州範圍既限於地方法院的記錄，內容只有離婚原因及已婚年數兩項主動者之性別及其他關係一無敍述。民國十八年的又只有下半年的數字，內容包含原因及主動者兩項。兩次的統計一望而知其編者的幼稚，但我們爲了『聊勝於無』的原故，亦將其錄下。

民國十五、十六、十七年的離婚統計共有九十二件，十五年二十四件，十六年三十五件，十七年三十三件。離婚原因以『逼娼』爲最多，共二十七件，約佔全數百分之三十。查其他城市鮮有以『逼娼』爲原因者，或者這是北方的一種特殊情形（北平市亦有之。）嫉妒原是人類的天性，而竟有許多人爲了金錢而逼自己的妻子爲娼妓，實在是一件怪事，所怪者不是有人肯爲金錢而把他們的妻子作爲犧牲，（因爲人類的良莠不齊，是免不了的，）而是這種人的爲數之多。現在女子敢因不堪痛苦而請求離婚，我們纔可以看見這種非人道行爲的普遍程度。以前或現在爲了丈夫的壓迫而淪爲娼妓的，不知有多少，次多數的離婚原因是『虐待，』共有二十一件，約佔全數百分之二十三。以下則有『行爲不端』『意見不合』『重婚』及『遺棄』等等原因。

已婚年數以不滿一年的最多，共二十二件，佔百分之二十四。一年至五年的共十八件，約佔百分之二十。五年至十年的有十二件，十年以上的共有八件。

天津民國十八年七月至十二月的離婚統計，共有二十八件，以其爲一年約二分之一計，全年當有五十六件，較以前三年皆見增加。離婚原因中並無『逼娼』一項，由此引起兩個疑問，第一、是否民國十八年天津政府對於娼妓取締特嚴，所以『逼娼』的事實較少。第二、兩次統計的編者是否根據同一材料，並編者在從事此工作時有無因偏見而遮蔽事實之處，不然便無從解釋此項在前一年中占最重要地位之離婚原因，何以在翌年便不見蹤跡，此年離婚原因最多者爲「虐待」共十二件，次爲「意見不合」共四件。「行爲不端」「疾病」等更次之，還有兩件「因夫貌醜」而請求離婚的，這是不成理由的原因，大約是要被法院駁斥的。

主動者以女方爲多，共二十四件，男方主動的祇有四件，相差六倍之多，近似廣州統計。

離婚原因及主動（北平十九年）

離婚原因	件數	百分比
重婚	2	2.3%
遺棄	3	4.9
虐待	19	30.6
殘疾	4	6.5
逼令爲娼	5	8.1
行爲不端	8	13.0
性情惡劣	5	8.1
徒刑	2	2.3
經濟壓迫	2	2.3
其他	7	13.5
未詳	5	8.1
合計	62	100%
離婚主動者	件數	百分比
男方	16	25.8%
女方	41	66.1
未詳	5	8.1
合計	62	100%

關於北平離婚統計，北平的法院及社會局歷年並無離婚統計，近因某學校的要求，社會局曾請法院代塡表格編成十九年度北平離婚統計，其中結果非常簡單，茲祇就離婚原因及主動者兩項，列表並分述如下：

因爲案件的來源是法院，所以只限於訴訟離婚，全年共有六十二件離婚的原因以『虐待』爲最多，共十九件，次爲『行爲不端』共八件，其他如『逼令爲娼』『性情惡劣』『殘疾』等亦佔重要地位。

主動者女方共四十一件，男方十六件，呈訴離婚的大約總是女子主動的較多。

山西離婚統計（民國十年至十四年）

年限／月份	十年	十一年	十二年	十三年	十四年
一月	一二〇	三六	三四	一七	三〇

二月	一七八	六四	四二	三六	五七
三月	一九七	九九	六五	四九	八〇
四月	一五六	九三	六一	五九	九一
五月	一三八	一〇三	六六	六三	八三
六月	一一九	九九	五五	五一	七五
七月	五九	一一四	八七	九四	一〇六
八月	一二三	一〇八	五五	一〇一	九八
九月	一一〇	一三二	六九	一〇一	一〇二
十月	二二八	二一六	一一八	一七二	一一六
十一月	二四六	一六一	一四八	一九七	九五
十二月	三五五	一四二	一五九	一三三	六二
合計	二一二七	一三六七	九五九	一〇七三	九九五

山西離婚原因之統計

原因＼年限	十年	十一年	十二年	十三年	十四年	合計	百分比
夫妻不和	五一九	六〇二	五五五	五六三	五八七	二八二六	四三·四
生計艱難	一〇六二	五三二	一八一	三五七	三一五	二五四七	三九
對方疾病	七〇	五八	三五	四〇	二一	二二四	三·四
不守婦道	一〇〇	四六	三四	四七	三三	二六〇	四·〇
婆媳不睦	一六	一二	二〇	二五	一九	九二	一·四
對方染嗜好	一四五	六六	二	九	六	二二八	三·五
因夫犯罪或失蹤	一一	九	六	一一	八	四五	〇·七
久不生育	一三	一	二	一	一	一八	〇·三
夫無正業	三四	九	一	一〇	一	五五	〇·八
其他	一五七	三二	二三	一〇	四	二二六	三·六
合計	二一二七	一三六七	九五九	一〇七三	九九五	六五二一	一〇〇%

山西離婚主動者之統計

方式 主動 年限		十年	十一年	十二年	十三年	十四年	合計	百分比
協議離婚	男方	四四七	二五三	一四六	一四一	一〇八	一〇九五	一六·八
	女方	一九一	一一〇	七八	六一	五八	四九八	七·六
	雙方	一三九〇	九四〇	六九九	八三三	七九九	四六六一	七一·五
判決離婚	男方	一七	一三	一三	三	六	五二	〇·八
	女方	一八	一二	七	一〇	七	五四	〇·八
	雙方	二一	一四	九	一四	一二	七〇	一·一
劫離		六	三		三		一二	〇·二
背離		三七	二二	七	八	五	七九	一·二
合計		二一二九	一三六七	九五九	一〇七三	九九五	六五二一	一〇〇%

山西統計——山西省的離婚統計工作，共有五年，自民國十年至民國十四年。其分析內容非常詳細，省中每城每月的記載都有，其比較的節目共有二十項之多。

五年的統計數字，以民國十年居多，共有二千一百二十七件，民國十一年有一千三百六十七件，民國十二年有九百五十九件，民國十三年有一千零七十三件，民國十四年有九百九十五件，每城每年少者僅三四件，多者至一百餘件。

離婚原因以『意見不合』（夫婦不合）爲最多，每年皆在五百起以上，『生計艱難』者次之，每年約三百至五百件，但民國十年則有一千件以上。再次是『不守婦道』，即妻方行爲不端，每年有三四十起，民國十年特多，共一百件，再次即『殘疾』及『婆媳不睦』。後一項是各大城市不大多見的原因，其中大約包含『虐待』的成分，此外還有『失蹤』（逃亡）『染嗜好』等等原因。

離婚主動者以雙方協議的爲最多(71.5%)女方主動(8.4%)較男方主動（17.6%）者爲少，還有所謂『劫離』與『背離』的方式，大約前者指一方被劫或荒年流散所致，後者是指遺棄而言。

離婚者的年齡。男方以三十六至五十歲最多，十六至三十五歲的也不少，女方則十六至三十五歲最多，其中二十五歲以下的佔大多數。

離婚者的職業最多的是農業。次爲工商業，再次爲教育界，其他如苦力，軍人等皆佔少數。業農者幾佔全數百分之七十，大約這是中國內地的普遍現象，農業與離婚是沒有什麼關係的。

離婚後的狀況，男子續娶的較鰥居的少，女子改嫁的例比守寡的多。這或者因爲內地生計艱難之故，男子缺少供養能力不能續娶，女子又不能獨立生活，非再行出嫁不可。此外中國的性比例，男子高出於女子甚多，也是促成此種現象之一重要原因。

現代離婚率的增大原因，可分爲數點：

第一是現代家族制度的動搖。大規模產業制度的經濟組織愈發達，家族內的經濟的任務便愈是狹小，大家族制分列爲小家庭，而小家庭內的家族分子都加入於社會生產關係。在手工業時代，家庭不特爲社會的消費單位，且爲社會的生產單位，但在目前的生產狀況之下，它已變成社會的消費單位，夫婦的結合，除了性生活及消費目的外，並沒有經濟的生產的意義。這種事實，很明顯的減弱了兩性同居關係的紐帶。夫婦的離合，對於社會一般經濟影響甚微，因此其離合極其自由。

不過這種現象，在家族制度仍頗占優勢的中國稍有不同。

第二是性道德的墮落。男子在社會上經濟上獲得優越權，一部分的男子便利用此種優勢，對於婦女用種種方法施其誘引欺騙玩弄的手段，當他玩弄得厭倦的時候，便隨意把她拋棄。離婚的法律適給予男子以種種的機會，使許多『二三其德』的男子可以不負責任地過頹廢的離合無常的性生活。

第三是隨着西方文明的輸入，以個人爲本位的自由思想也輸送了過來。使個人的自許心和自利心得充分的發展，同時禮教的拘束力也日漸消失其地位，於是離婚率的增加成爲當然的結果。

第四是現代婦女的自覺與經濟生活的獨立。這是離婚率增大的最主要的因素之一。近代產業制度把大量的婦女引入於社會的生產機關之內，同時使她們獲得自立的智識與能力。這種自行謀生的婦女的數目，便一天天的增加，她們自然不願受男子的無理的壓迫，不願當男子的玩弄品。當她們覺得『遇人不淑』的時候，便馬上提出離異。

結婚和離婚的道德律也和其他一切社會的道德律同樣是受經濟的生產關係的制約，即在某種生產關係之下，必然發生和它相應的道德律，所以必須經濟的關係而了完善的調整，離婚的危機纔有結束的希望。

結婚是以戀愛，眞正的戀愛爲基礎的。的確，沒有戀愛爲基礎的婚姻，是不自然的，是不道德的，結果徒然使個人與社會的受到重大的損失。所以爲解決婚姻問題，爲避免離婚的痛苦起見，必須使婚姻成爲純粹種性的制度。

(註)參考婦女生活創刊號。
上海社會月刊民國十七、十八、十九、二十三年。
北平晨報民國二十年三月十六日。
天津市社會局出版一周年工作總報告。
山西省第七次社會統計（民國十八年一月刊行）。

農奴的解放和婦女的解放在近代史上是兩件值得注意的奇蹟。資本主義爲着適應其自身之存立與發展，以自由主義及個人主義的武器去粉碎了數世紀以來加在農奴身上的定型的身分的枷鎖，這樣農奴就算解放了。至少在法律上，他已經具有了自由的身份。他現在已經成了現代的產業工人，而且因着社會的進步和社會統制的加強，他們的地位，有了明顯的改進。同樣的，資本主義以新的社會關係替代舊的關係的過程當中，對於封建的大家族制度加以無情的破壞，於是乎數千年以來受着重重束縛的婦女得以超脫，這也可以算做婦女解放了。婦女開始與男子一樣參與社會的生產了，與男子平等地肩負起建築更堅實更健全的文明的重任起來了。從那時候起，婦女職業問題，便成爲一個不容忽視的社會問題。

(二)職業問題

在歷史上看來，婦女大規模的加入職業的活動，是家長的大家族經濟崩潰以後，即近代產業制度發生以後的事。在此之前，生產及消費的規模皆極狹小，家庭自身是名符其實的社會單位，婦女的活動限於家庭以內，婦女根本便沒有獨立職業的需要。到了資本主義建設近代的工業都市，破壞一切舊的生產關係以後，家族的生產的一面也就跟着被破壞了家長對婦女的支配權便由此而開始動搖了，近代的工業制度因生產程序的簡單化，開始吸引婦女的勞動力。換言之，因着手工業的農村經濟的急激破產，家長固然很少維持家族經濟生活的可能，同時婦女也覺到沒有依賴男子而生存的希望，於是婦女也同男子一樣，不得不跑出家庭而尋求謀生的職業。更具體點講，婦女最初進入於職業界的原因，大體如下：

1. 受資本主義的生產方法的侵襲，手工業的農業的家族生活，便起了根本的動搖。

2. 受着自由主義及個人主義的感化，婦女對獨立謀生的要求更爲熾烈。

3. 從來婦女的結婚很容易，而且可以得到男子的生活上的扶助，但到此時不但很難逢到結婚的機會，而且結婚後也未必就能靠男子生活。

4. 隨着近世工業的發達，工場勞動起分化，增加了非熟練者也可以從事的部分而要求工錢低廉的婦女勞動者。

5. 由於自由主義的教育平等的原則，中產以上的婦女，得到受教育的機會而釀成知識婦女層，她們是自覺的在社會各方面謀得獨立生活的職業。

如上的事實，在過渡時期的中國社會裏表現得特別的明顯。中國婦女自『五四』到現在，因爲大家族制度的逐漸解體，尤其是農村經濟的破產，不得不離開家庭而跑到都市裏去謀生。關於她們在都市就業的途徑，我們可以作如下的分類觀察。

第一是到輕工業方面——如煙廠，織廠，紗廠等——當女工，這是農村婦女到都市謀生的一方面，而且在就職婦女中，佔絕大多數。

第二是幫傭，卽到中產以上的家庭當娘姨、奶媽，這也是農婦到都市謀生的一路徑，其數目雖尙無調查，當不在少。

第三是受中等教育以上的婦女，在文化教育機關找職業的，如女教員、新聞記者、傳道師，其他自由職業者，如文學家、美術家、音樂家等，這是現代中國婦女最高尙的職業者。

第四是受普通教育以上的婦女就業於社會各機關，如官署、商店，公司、醫院等，卽女職員、女書記、女醫生、女店員、護士及產科師等。

第五是在娛樂機關找職業的，如歌女、電影員、舞女、女優乃至賣笑婦、妓女等。

關於中國婦女的就業率，沒有整個的完美的統計來證實，可是從以下天津、廣州、上海三處職業婦女的圖表或數量及狀況，也可以約略推知中國婦女的職業的大概情形。除這些少數的就業婦女外，大多數婦女們仍舊陷於永久的失業，或者更確切的說無業狀態。即她們無論在農村或都市，或者無從事職業的需要，或者無從事職業的機會，或者無從事職業的願望，生活的領域仍限於家庭以內。

天津是北方的重鎮，而且是通商巨埠，因此生活程度亦隨之加高，現在處處都感覺到經濟的壓迫，在經濟壓迫的情況之下，婦女，爲解決她們的生活起見，勢必要取得一種職業，纔能維持自己或一家人。

天津婦女的職業可分爲有學識與無學識之別，其詳表如下：

天津婦女職業

- 有學識的
  - 教員
  - 牧師
  - 醫生
  - 看護
  - 行政人員
  - 商店店員
- 無學識的
  - 勞力的——女工——僕役
  - 卑微的——娼妓——伶人
  - 迷信的——覡巫——跳神
  - 欺騙的——媒婆——收生婆

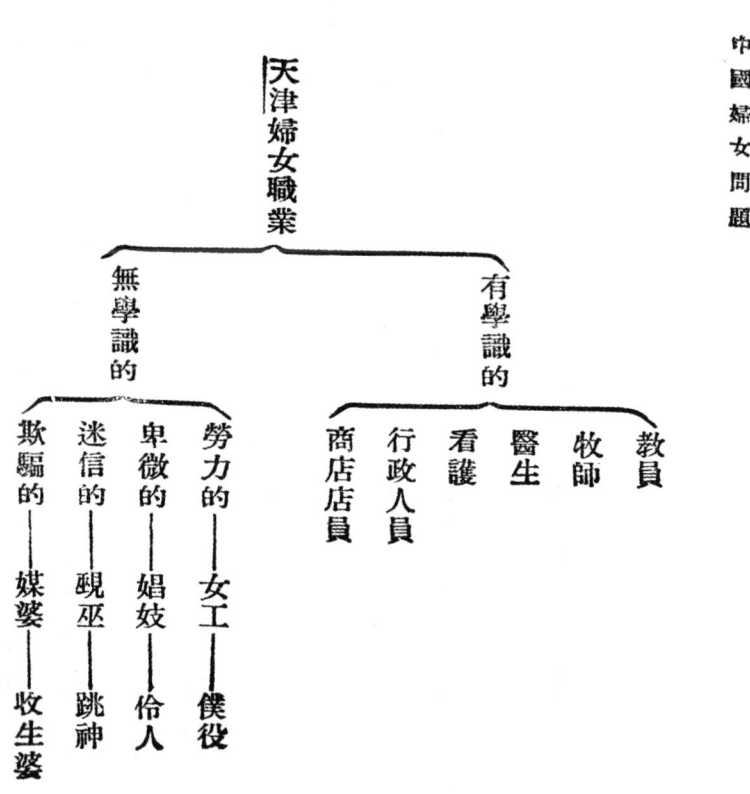

據公安局此次調查，有職業的婦女有八七、八九七人；無職業的有二〇二、一八一人，總計是二九〇、〇七八人，現在將工業活動中的婦女和有職業的無職業的婦女比較如次：

工業的婦女和有職業的及無職業的比較

類別／計別	有職業的：工業	有職業的：其他	無職業的	總計
人數	四、五〇八	八三、三八九	二〇二、一八一	二九〇、〇七八
百分比	一·五六%	二八·七四%	六九·七〇%	一〇〇%

廣州據民國十七年的調查，全市的人口共有八十一萬一千七百五十一人。但是有職業的婦女卻僅有五萬五千四百二十二人，佔總數的千分之一六四·一二。就依全市的婦女總數三十三萬七千六百九十八人而論，那末沒有職業的婦女，要佔到總數的千分之七九二·三〇之鉅數。據廣州市政府十八年的統計年鑑廣州市各業婦女的人數與千分數，如下列：

業別	各業女子人數	千分之比數
漁業	一、一八三	三・五〇
耕農	七二七	二・一五
畜牧	一、六八八	五・〇〇
合計	三、五九八	一〇・六五
小工	三二、一一九	九五・一一
苦工	一二、二〇五	三六・一五
合計	四四、三二四	一三一・二六
商業	三、二九八	九・七七
航業	三、〇〇〇	八・八八
合計	六、二九八	一八・六五
教員	六五九	一・九五
學生	一二、八九五	三八・一九
合計	一三、五五四	四〇・一四

警界	六	・〇二
政界	二八	・〇八
合計	三四	・一〇
律師	二	・〇一
報界	一	・〇〇五
醫界	五〇九	一・五一
工程	五〇九	一・五一
合計	五一二	一・五一五
其他	一一、三四〇	三三・五八
無業	二五八、〇三〇	七六四・一一
總數	三三七、六九〇	

在這些數字中，告訴給我們有下面的幾點重要。

1. 職業範圍的狹窄，所以失業的婦女，除了在校的學生之外，還有千分之七六四・一一。

2. 職業領域的低微，所以小工和苦工的婦女又佔了所有職業婦女羣中的最大多數。差不多超出於其他職業的二分之一以上。

3. 統計中所謂『其他』的一項，就是指賣淫的娼妓、艇妹、歌女等等而此種生涯的婦女人數，又佔其職業總數的十分之三四左右。至於那些私娼因爲無從統計，尚不在內。

從這三點上面，已經告訴我們廣州婦女在職業上的暗澹，如果我們再進一步去觀察她們在這社會上生活的艱難，那我們便可明白許多悲慘的現象，都是必然的結果。何況一般的待遇和報酬，女子總低劣於男子，尤其是女工。

上海爲一擁有百萬以上婦女之國際大都市，婦女大衆生活內容極其複雜和廣泛，使我們無法加以極詳細的分析和調查，不過僅將較爲重要的職業婦女概況略爲介紹而已：

1. 女工

上海爲全國工業中心區，中外工廠林立，煤煙濃霧遮蔽了半邊天雲，在這可怕的黑暗煙霧裏，她們偷生在各種形式的機器齒輪縫裏，度其比牛馬還不如的非人生活！內中還有數萬尚未成年的女童工，亦遭同樣的命運。

她們每天從天亮到天黑，從天黑到天亮，整日整夜地做着九十、十一、十二乃至整整十八個鐘頭的勞苦工作！

上海市女工的數目，按十九年工商部的報告，爲十八萬八千一百八十八名，超過男工三萬三千二百三十三名，又據二十一年上海市社會局的調查，全市一千八百八十七個工廠中工人總數達二十一萬二千名，內男工七萬一千七百二十七名，童工二萬三千四百〇一名。女工十一萬六千八百七十二名，較男工多四萬五千一百四十五名。女工的數目，雖歷有變更，但至少當在十萬人以上。每月工資最高者不過三十四元（紡織工業），最低者僅有六元（木材製造業）。

2. 女傭

在上海的馬路上，常可以見到這樣一個的所在，一間小小的店面，門上掛着一塊某某老鷹頭行的招牌，裏面安放着幾條長凳，凳上坐着許多不同籍貫和年齡的婦女，都在焦慮地等待着顧主的惠臨！這就是女傭、奶媽、大姐和娘姨等的集中之所了。

一般中等以上的家庭，婦女在生育之後，爲要使嬰兒不妨礙其個人的容貌和自由，於是每月便以六元至十元的代價雇用一奶媽，以負撫養新生嬰兒的責任。這些奶媽，大半因農村經濟的破產，不得不到城市來求得一啖飯之地，不得不忍痛地犧牲親養的小孩之食料而將乳汁出賣給別人的孩子。這是多麼的矛盾和悲慘的社會現象呵！

大姐和娘姨的生活，與奶媽不相上下，不過在工作上略加分別而已。她們的工作時間，是不能規定的，每天由清晨至深夜，顧主全家大小的瑣事，如買菜、燒飯、洗掃……等都須出自她的雙手，而喫的則只是些殘菜剩飯，住的也不過一席容身之地！每月工資約三元至六元。

女傭們的工作都是毫無任何保障的，全憑顧主之好惡。我們只看下錄三段新聞，即可想見其生活的一般：

「施氏因情急而遷怒於小孩，潛將斷針塞置嬰兒口中。」

「某乳婦乳汁稀薄，被顧主解雇，因生活無路，遂自縊。」

『鎭江少婦沈陳氏，被雇於某日僑家，近因懷孕已三月，生恐日後腹部逐漸膨脹，工作不便，而被主人辭退，乃私自設法墮胎。』

上海有薦頭行共五百餘家，女傭統計約在八萬人以上。

3.教員

上海爲全國文化中心地，學校林立，需用女教員之數量亦大。然因各學校設立的性質與經濟基礎之不同，教員的程度與待遇亦隨之而異，有大學畢業者，中學畢業者，甚至有僅從小學畢業者，薪金以工部局各學校爲最高，每月有在八十元以上者，次爲市立各學校約三十元左右，再次爲經濟比較充足之各私立學校，月薪十數元至二十元上下，至於有許多投機營業性質之學校，最高不過十數元，最低數元，甚至僅供膳宿的。

4.店員

上海爲全國商業最發達之地，故商業中女子的人數，亦較他地爲多。其中大多數爲店員，因爲女子性情較男子爲溫和，故雇用爲店員比較適當。

女店員的工作，每日約十小時，月薪由十數元至數十元左右。

5.看護

看護大致可分爲三種：一、特別看護，二、看護，三、練習生。

因爲病人的病勢沉重，或者病人欲圖舒適，卽臨時雇用特別看護，她們多係富有經驗和學識充足之過去醫院看護生，完全是一種臨時營業性質，工資以日數計算，每日約三元至五元，多做夜班，她們的雇主，多爲資產階級。

普通看護的工資，以工部局醫院爲最高，月薪約在八十元左右，次爲各大醫院，每月薪資在三十元左右，一般小醫院，月薪則僅只數元至十數元。

練習在學習期內，每月僅供其膳宿，或津貼極微小之零用，但進院時須繳納六十元至一百元之押金，畢業期間兩年三年四年不等，畢業後月薪與看護相等。

6.醫生記者律師

女醫生除自設診所者外，普通較大醫院，月薪由百元至二百元，較小的醫院由數十元至百元左右。

上海之女記者，僅三數人，月薪約三十餘元，女編輯亦僅三人，待遇較記者略高。上海共有女律師三四十人，因社會地位較高，生活較諸一般職業婦女稍優。

7. 電影從業員

電影從業員薪金之大小，全視其在電影界個人之地位而定。據說最紅的電影明星，每月月薪有達一千元者，而普通之練習生，每月則僅數元，相差之數字，眞可令人咋舌！此外還有臨時演員，每次僅給車馬費一元，而且往往經常幾個月內還不能輪到一次生意。

8. 舞女

舞女的收入，全靠舞票的分帳，通常對分，也有四六分的。大舞場中的紅舞女，每月多則分得一千餘元，少亦可得百元左右，小舞場中則自數十元至數百元的，有許多舞場對於舞女每日舞票滿百元者則多給十餘元，名『衣服費』。霉舞女因無舞票的收入，除獲得夜餐一頓外，是全無收入的。

9. 歌女

歌女可分爲三種：

一、集團表演爲遊藝場所雇用者，時間較久，月薪由數元至三十元，爲某歌舞團所雇用者，則係臨時性質，報酬須視其團體營業之情形及個人身份之高低而分配之。二、戲劇，京戲、清唱、攤簧、彈詞等歌女，月薪之收入，視個人身份而定，除著名者外，一般均僅夠維持其個人之生活。三、播音歌女：此種歌女每日往各電台播音一二小時，每月收入約十元左右。

10. 女招待

女招待多雇用於各公共遊戲場所吃食店，一般月薪甚微，或竟全無薪水，其收入全靠顧客正帳以外所給予的小帳。

11. 電話接線生女書記及打字員

上海自裝置自動電話以來，大批女接線生便先後被裁。目前除電話局尚留一部分外，各大機關也有雇用電話女接線生的。她們工作時間，電話局爲十小時，各機關八、九、十、十一、十二小時不等，月薪最低者十數元，普通多在二十元以上。

個人或團體雇用之女書記，月薪約三十元至六十元。打字員多雇用於商業機關，月薪大多在三十元左右。

12.模特兒女按摩妓女

模特兒之工資以時間計算，大致每小時爲二元，每月約可收入三十元至五十元之譜，總計上海約有百人左右。

上海之按摩院約有三四十家，普通月薪極微，彼等收入全靠顧客之小帳，故常不惜犧牲肉體以增加日常之收入。

妓女在上海之分別頗複雜。以『長三』爲最上等，彼等之顧客多係富商貴人，收入甚好，享用亦多豪富。『么二』次之，『野雞』則爲最下等之妓女，彼等多係由家長抵押，或受匪人誘引賣入於妓院之中，彼等在鴇母狠毒的剝削和壓迫下，僅夠飽食暖衣已經不錯了。除領執照公開執業或受默許的妓女外，尙有大量的私娼，她們的生活，一般皆極苦痛。

13.小販

女小販可分爲三種：一、小菜販、二、糖果販、三、賣花販。

小菜販多係上海附近之農村婦女，每日清晨將小菜擔來上海各大小菜場附近。她們因無工部局的護照，常爲捕房禁止營業，在清晨馬路上不時可以看到被巡捕捉進「行」——巡捕房裏去，和被巡捕將小菜撥散滿地的慘劇。

糖果販以賣香瓜子的多，她們每日的收入每日不過銅元數十枚而已。

上海之賣花女人數甚少，她們的收入較小菜販和糖果販略高，每日可賺銅元百餘枚。

14. 其他

其他如沿着破爛的工房衖堂縫補衣襪的婦女，她們的主顧多半是外地單身男工，每日收入不過銅元數十枚。

倒馬桶和看廁所的婦女，收入僅夠個人的果腹。

根據上述，我們可以知道，在這東方的大都市，全國經濟中樞的上海，數在百萬以上的婦女，職業生活和社會地位並沒有相稱的發展。

由以上看來，中國的職業婦女，在某種程度以內，雖已獲得經濟的獨立和自主，然就一般而論，情況仍極可憐。職業收入，一部分甚至尚不能維持個人的生活。尤其在最近的幾年中，中國，一面受世界經濟恐慌的直接影響，他方面因農村破產而起的整個國民經濟的動搖，職業婦女經常的覺到解職解僱的恐慌。很顯然地，中國婦女的失業恐慌，在最近一兩年來特別深刻而尖銳化。自從世界的經濟恐慌勃發以來，世界各國都鬧着失業的恐慌，而各國政府正汲汲於失業的救濟，一直到最近，經濟的景氣，始見回轉，失業的人數始有顯著的減落，中國則除嚴重的失業問題，根本就缺乏職業的機會。不特此也，中國畢竟是以家族作爲社會單位的國家，而數千年來的倫理思想，一向以男子有負擔一家生活的義務，所以在人浮於事粥少僧多的狀況之下，社會多少不願婦女積極的參加職業生活，以免奪去本爲爲數已極有限的男子的職業機會。所以中國婦女的失業，除了一般的原因以外自有其的特殊的因素。

1. 在最近一兩年中國受着世界經濟蕭條的影響，和外來的採拚，各業都陷於凋零，中國惟一近代實業的輕工業日落千丈，吸收多數女工的各都市的紗廠織廠及各地方的絲業茶業等先後倒閉和停業，結果造出了數十萬失業女工。

2. 因着農村經濟的破產及水、旱、兵災的繼續襲來，尤其是內地大規模的匪禍，流離破產的農民們帶着『價廉物美』的勞動力，跑到都市出賣，因供求的關係把女工排出於勞動市場以外。

3. 女工的大多數剛由農村出來，工場生活的歷史甚淺，農民意識甚強，因此團結力薄弱，反對解僱的鬪爭常陷於失敗。

4. 跟着復古運動興起，婦女回到廚房去的社會的主張日益加增，特別在教育方面，提倡家事專門化教育，要養成家事技術的主婦，這是對知識婦女的職業界給以強烈的刺激與威脅。

5. 從來婦女的教育，常比男子教育低劣，結果女子在技術上及職業訓練上常較男子爲劣，所以婦女的職業地位常有被男子侵奪的危險。以上是祇就已得勞動機會而失其機會者說的，倘若把有勞動能力而未得勞動機會者都算在失業婦女內面，那末中國的失業婦女至少當有數十萬人了。

這樣在一方固然有數十萬無業可就的婦女，但在他方在業的婦女也受着失業的威脅和痛苦，尤其是許多曾經就業而至於失業的婦女，更處於絕望的飢餓線上這是萬不可忽視的重大的社會問題。這一切慘酷而可怕的現象，在中國人看來可以說是司空見慣平常極了，尤其，婦女是『弱者，』或是善良者，雖至於餓死凍斃，總不至於挺而走險。擾亂社會的『秩序。』可是關心婦女問題的人，尤其是置身於婦女解放運動的人士，萬不能將這嚴重的事實置之不顧，我們知道婦女們就業及失業問題決不能離整個社會而單獨解決，這是我們婦女的切身問題，我們應當使社會對婦女負責，給予婦女以平等的待遇。

（註）參考女聲第三卷第二期第十二，十三期，婦女雜誌第十六卷第五號。

（三）教育問題

1. 婦女教育的前提

婦女運動自從一九一四年歐洲大戰以後，也和其他各種社會運動一樣有了高速度的進展，然而我們檢討過去許多收獲，實在不能使我們滿意，因此，有許多人民——甚至於我們婦女自己

——都懷疑她存在與發展的可能，這不能說是過去對於婦女運動的中心主旨之認識的錯誤。我們知道婦女運動的基本問題，是廣義的說是因兩性之存在而發生的問題，狹義的說是社會經濟組織和特殊環境的問題，換一句話說，都是社會經濟基礎的根本問題。而婦女運動也只有在這個前提和主旨下去認識，去把握，去開展，那纔是具體的；但我們卻不能倒轉的說，以爲前提不解決，婦女的運動就談不到或不用談。固然，我們深信在目前社會現狀下婦女解放運動是不能收到全部效能的，可是社會是動態的，諸種社會問題也常是在運動的過程中演進的，我們默靜地等待先決條件到來以後再開始婦女運動，那等於取消了婦女運動的存在。所以我們對於婦女運動進展的收獲之微小，不必表示失望，一切澎湃的巨流是發源於微弱的源頭和水沫的。

婦女問題也正和其他社會問題一樣是有多方面的，但是緊要的幾點，不外是職業解放問題，婚姻解放問題，以及提高文化水準的教育問題而已。本文僅就婦女教育問題加以簡要的探討，主旨是在提出目前婦女教育的路向是否是能夠幫助我們來履行婦女運動的中心目標？我們是否需要這種教育。當然，討論所涉及的問題亦許是部份的，因此我希望大家來研究，得有比較正確的

解答。『抛磚引玉』對於婦女問題也許不是全無裨益的罷

2. 婦女教育的特殊性

教育，就廣義地說，它從人類開始之時便發生了，不過那時的教育完全是具體的實用的，牠雖然沒有像現社會教育活動那樣完備周密，但也沒有像現社會那樣偏於一面的不健全發展。一個氏族裏的年歲較長經驗較多的成員，把他的從生活經驗中所得到的東西，傳授給後一代的成員，在性別的分工及經濟的分化沒有發生以前，教者與受者的關係，只是世代的關係，在受教育者之間，除了稟賦材能的天然差別之外，並無他種矯揉造作的人為的制限。但隨着社會的演進，性的分工開始了，於是男女所受的教育，便發生了性質上的區別。女子另外受適應她特殊生活狀況的訓練。接着性的分化之後，又有了經濟的分化，產生出階級的差別。於是教育不特受了性別的限制，且受經濟關係差別的限制。

社會成員因着性別不同，發生了分化，這種文化的起點，是由於社會經濟關係的演變而起的。在社會演進史上看，有所謂『母系社會』和『父系社會』的社會形態，原來因着性的差異而表

現於社會不同的關係，也是跟隨着由於本身活動的能量反映於經濟關係上的。我們知道『母系社會』是以女子爲統治的權威者的，這是因爲兩性間生育所發生的血統的親族關係，在原始時代是並不自明的，尤其在原始的羣婚制下，年幼的子女因着母親的保育，祇知道有母親而不知道自己的父親，因此母性也就據有一切的統治權能。但這個時期並不長，因着男性體力比較堅強，生理的天賦加強了勞動的能量而取得了統治的地位，一直演變到現在，幾乎把男女性的差別來解釋全部社會待遇的不平等。其實忽視了因着經濟條件的遭變，社會關係的演進，那是無法理解婦女所以據有現在這樣可憐的環境的。

婦女的教育問題也跟着這社會地位的變更而呈現不同的形態。

在過去生活卽教育的社會關係之下，問題是比較簡單，雖然婦女因社會地位的變更，而表現特殊的方式，可是卻如同目前的教育一樣，那時也沒有像目前婦女教育那樣複雜而特殊的。因此我們明瞭了過去那些簡要的社會關係之後，似乎對於目前資本主義社會下的婦女教育問題，應該加以特別的注視。在封建的社會制度下，實在也無婦女教育之可談，因爲婦女的天職在於家庭的範圍以內，她的最神聖的責任是生育和撫養合法的後嗣。祇要她們能好好的順從丈夫，幫他管家，照顧兒女，旁的可別用管。換言之，那時的婦女教育，最高的目標即在於造成賢妻良母，因之它與以造成健全公民爲目標的現代教育，有很大的差別。現代的婦女教育，實在是從產業革命以後，婦女和兒童從家庭手工場慢慢自動或被動到大規模的機器生產工場裏去的時候纔開始的。

教育是一種社會化的過程，社會利用它來實現和進行其所揭櫫的目標。普及教育不久成了普遍的要求，婦女教育也有了確實的基礎。婦女從家庭跑到社會，這是近代產業制度的一個特色，也就是婦女教育運動的一個轉動時期。因此，由於婦女經濟從屬關係的改變，同時也就引起了許多問題，如婦女的職業問題，婦女與家庭的問題，婦女的貞操問題，婦女的社會地位問題，婦女的婚姻自由問題，婦女的……這些繁複的問題與其他各方面的問題，打成了一個社會問題的鐵環，所以很明顯的可以知道婦女問題是與近代產業制度的社會組織的勃興而同時產生的，將因社會化過程的擴大而逐漸解決。

但是，在目前的狀況之下，婦女尙受着多種的桎梏，婦女在尙未能脫除經濟的從屬關係和還不能完全解放出來的時候，一切其他問題的解決都是很困難的。婦女由於生理上的特點，舊社會關係的限制比較深重，因此，婦女教育問題比一般的教育問題也來得困難。

現社會是婦女從家庭走進社會的轉形期，因着過去對於婦女的不合理的束縛，婦女在無論那一方面能力都比較薄弱，這是無可諱言的。今日的婦女教育，應該設法如何使薄弱的能夠重成爲健全。所以婦女教育問題，在解決整個婦女問題的時候是有其特別重要性的。

3. 現階段婦女教育的狀況

在沒有提出婦女教育重要性以前，且簡要地來檢討一下目前的婦女教育狀況，也許能夠幫助我們理解現實與把握今後的問題。

婦女教育的發展，在各國都比其他教育運動來得遲晚，而且牠的內容也比較狹隘這原也是社會關係的反映。在歐美各國的從忽視女教到尊重女教的史實我們且不談，此刻即就我們中國而論罷。中國對於女子的態度是『無才便是德』歷來對於婦女教育，都是爲人所輕視的，我國婦女教育雖在中日戰爭戊戌政變以後（約在一八九八年左右）即已發端，可是對於女教的中心目標在那時是不十分健全的，這從當時加諸女教的課程內容也就可以看得出來。當時男子的課程綱要，把讀經修身兩科特別重視，可知其時所注重者只是一種倫理的修養，無所爲知識的傳授，在女子教育的課程裏，就沒有讀經這一科，僅是偏重於女紅，圖畫，音樂等類，用當時肯定的意念來講，那就是認爲女子不必明瞭國家大勢，不必問外事，她們祇須勤守在家庭以內的職務。

現在，女子教育比起以前來已經發達得多了。在前面我們已經提出過一些統計的數字，從全國大中學女生的人數，也可見近幾年來的發展是相當快的。但單從數量的進步看是不夠的，在品質方面，婦女教育亦有進步的趨勢。我們祇須看婦女專門人材人數和婦女自由職業者的增加，便可以推知進步的眞況。

其次婦女教育的主旨，在目前尙嫌狹窄。當局所希望的婦女，祇希望她們好好的做賢妻良母的管家婦，他們從『家庭爲組織社會之基礎，若家庭組織不健全，則社會不寧而國不立，故訓練良好之女子教育以建立完善之家庭，實爲救國之要途，』的理論作根據，其實婦女不僅須爲賢妻良母，並且在賢妻良母之外，做到一個十分健全的社會人，換言之，她在家庭生活以外，尙有社會生活的一面。教育應該適當地使她們走到健全的社會集團裏去。

第三、因着對於婦女教育中心觀念如此，所以反映於學校課程上的活動也是很狹隘的，甚至卽狹隘的賢妻良母主義，也未必能夠完全做到，一個學校畢業的女子，她不能勝任輕便的縫紝，她不能燒簡單的菜肴，一部份是因爲她們的環境不需要她這樣做，而一部份也是由於實施方法的錯誤，作者曾經參觀過華北及江浙一帶的幾個女校，大部份課程活動——關於女子特殊設置的——都是像在開玩笑似的幹。某校的家事科的烹飪教學，設備固然是極好了，然而都用外來的烹飪器具，烹飪法，教她們如何烤麵包，如何燒牛肉，如何煮咖啡可可等飲料，那不僅是一般中貧的家庭所用不着，而且在資產階級的家庭裏也是不多見的，卽使要有，再也用不着太太小姐親身來動手了。

最近在江蘇某省立中學，有鑑於目前女子教育的不切實際，而創辦女子生活學校，訓練能具體切實的有裨於家庭的婦女，該校內容完全是根據於生活經驗——如飲食起居、工作、社交、新生活運動的明禮義知廉恥等等，這雖是糾正了上述的那些笑話，但對於廣義的社會生活的訓練卻仍付缺如。

第四、因着能享受女子教育的都是中產以上的社會層，事實上她們倒並不是最需要教育的人，大部份受教育的婦女僅把它自己來做廣告，正好像到市場的商店裏去裁了一件美麗的衣料一樣做爲一種裝飾品，她們再也想不到在她們一羣之外還有大批蓬頭垢臉的婦女逗留在無知的文化水準線下。雖有一部份婦女能夠感覺到她們責任的重大，起來肩負一部份事業，但究竟在質與量上相差很遠。

我們說目前享受婦女教育的極少數的中產以上的社會層，這話並不是沒有根據的，且看一看民國十一年四月教育部發表的十八年度的全國初中高等教育狀況的報告罷，在全國十八年市省區中，女子教育的統計是：

受初等教育		
	幼稚生	九、四八九人
	初級小學	一、一六七、一八六人
	高級小學	一三六、八五七人

育者 其他	二、八〇〇人
育者 共計	一、三一六、三四一人
受中等教育者	五五、五七〇人
受高等教育者	二、五二〇人

據教育部高等教育司編的『全國高等教育統計』十七年度的女生總數是一八三五人，十八年度的是二五二〇人，十九年度的是三二八三人。若照同時的男女學生總數來比，那麽在最多的年度，——十九年度也不過十分之一。

大學男女生人數比較表

性別	女		生	男		生
年份	十七年	十八年	十九年	十七年	十八年	十九年
總數	一、八三五	二、五二〇	三、二八三	一九、九五一	二三、九七九	二七、一〇六
百分比	八·四二	九·八八	一〇·八一	九一·五八	九〇·一二	八九·一九

至於大學女教授人數，在同書中也有一些統計，如十八年度女教授的總數是二七六人，十九

年度的是三一三八，不過和同時的男女教授總數來比，僅僅百分之五而已，列表如后：

大學男女教授人數比較表

性別	女教授			男教授		
年份	十七年	十八年	十九年	十七年	十八年	十九年
總數	不詳	二七六		不詳	五、六六九	五、五八一
百分比		五·〇二	五·三一		九四·九八	九四·九九

由表看來，總數不及二百萬人，若和全國婦女相比，還不及百分之一，這百分之一的婦女當然是出之於中產以上的家庭那是無疑的了。所以目前的婦女教育要不是立卽加以改革，那對於在教育線外的，大批婦女文盲絲毫不會改進這種缺憾的。

4.在現階段我們怎樣來把握婦女教育的重心

婦女運動僅僅是像列強的民主政治那樣要求一些參政權的獲得，那不過是一種枝節的非整個的，因爲這種政權的獲得，很容易被限制於少數上層階級的婦女，如此婦女運動僅是在表面上發生一些政治作用而已。但就我們中國那樣極大多數的婦女文盲來看，就是這種極微弱的枝節的婦女參政權運動自身也是負擔不起來的。

由於目前惡劣的政治背景，婦女運動也是遭受非常壓迫的時期。如意德等國，因政治的利害關係，獎勵婦女結婚，成為最服從的家庭主婦。一位美國記者，曾記載過德國婦女所忍受的矛盾的痛苦：『國社黨的人的見解正和拿破崙一樣，以為婦女主要的責任是在產生兵士，德國已經不息地訴說着人口的過剩，沒有足夠的居屋，而政府則鼓勵婦女盡全力以增多生育。』其結果，必然地是失業的加多，戰士的驟增，苦痛也就隨之而深重。最近在北平晨報上見到幾條在柏林街上曾有過使人之憤懣的標語，且看看她們對婦女的態度和要求：

『對少女宣傳：

能烹飪的，能清掃屋舍的，便能得到快壻！

對職業婦女宣傳：

無論任何衙署，均不能與汝以快樂，汝正當工作場所非他，實家庭也。

對主婦宣傳：

把你的時間，完全獻給你的丈夫！你能辦到，你可以能雇僕人！』

從這些事實上看，乃是說明了目前婦女運動所遭受的困難。因而婦女教育問題也隨之陷入深阱。

首先我們要認淸目前這種社會背景作爲我們努力的前鑑。婦女教育的主要問題無疑的是要解決絕大多數文盲提高她們的文化水準。我們需要的婦女的普及教育，顯然的要解決整個婦女的切身問題，非由全體的婦女起來參加不可，然而怎樣喚起廣大的婦女起來呢，那最好的辦法就是婦女的普及教育。可是處於目前農村經濟崩潰的現階段，這很容易流爲一種理論的空談，因此這種普及教育，須建築在現有經濟條件之上，換言之，即是須根據於婦女的迫切的需要，從她們的切身問題做基礎，從解決她們的生活問題上連帶的引到一些社會政治的普通常識，使她們明瞭痛苦的來源和解決的途徑。

這種婦女的普及教育的實現的進程，當然是一個具體而重要的問題，但我們不能在此憑空說了些不着實際的條文，主要的是不論在農村或都市，應該隨着當時當地的特殊環境來進行。例如一個普通農產區的村莊，對於女子的教育規定要和男子比較地優待（如費用方面）要從她們自己的生產能力上開始，利用現有的自動組織的學校來做教育的根源地，這種學校決不該是像現有的和社會隔離的學校，牠可以是一個家庭、一個祠堂、一個廟宇、一個莊地、一個作坊，不僅是在形式上如此，且也在實際進行上也還異於現在的學校，教育的內容注重那村莊的生產的方式，條件，需要和內容。教育的歷程不需要特殊的規定，利用那些假日和季節來作社會底的政治經濟宣傳，內容無疑問的要根據且在可以爲她們了解的切身問題。假使在都市，那工場的婦女補習學校，在其質量上決不應該僅僅是文學的傳授，固然這亦是一部份的內容，但主要還是普通常識的灌輸，尤其是要利用實際問題在實踐中理解那些婦女們的社會關係。

其次，我們關於受教育的婦女也該有個正確的態度，處於目前文盲充塞的現階段下，具有資產的教育婦女們在解決婦女問題中也是有相當重要性的。然而，這是一件困難的事，由於那種社會關係決定了她們的路向，婦女的自覺需要很大的克制工夫。婦女能自覺地起來擔負自己的使命的人數眞是『微乎其微』的呀。但我們相信。假使她能稍稍理解目前的社會關係和自己的前途，不甘願出賣自己的精神和肉體供給人家利用，蹂躪，那她不但不應當『潔身自好』『獨善其身』的來阻礙廣大的勞苦婦女羣教育及其他問題的發展，且也要助長並推進那些問題的解決。我們再不要留戀那些非實現的幻境，讓那些淺薄的被現在社會表像所欺騙的作夢者，由將來給她們的實際的教訓來打醒她們罷。

婦女問題誠然是受着多方面限制的，就教育問題而論，無疑的要使大多數婦女都受到一個公民所應該受的教育。可是大多數婦女，一方面受着社會的和對婦女特殊的關係的不合理的束縛，另一方面還受處於優越地位者的輕視，處於這樣一個困難的環境，我們對於那問題的進展是不能用過多的奢望來實行，因此步伐是緩慢的。然而牠是有相當收獲的，我們且在漫漫的長夜裏，協調地堅毅地走到天明吧！（本文錄自鍾眞君『婦女教育在現階段重心』）

（四）娼妓問題

1. 娼妓制度之史的觀察

中國淫業的開始在春秋時代，管仲設女閭三百，燕趙王公多娶娼妓爲姬妾；越王勾踐輸淫佚過犯之寡婦於山上，令士之憂思者游山以喜其意，可見娼妓在此時也就風行了。秦時提倡貞節，公娼稍少但私娼與祕密賣淫者日見增多。漢時有營妓、樂妓，娼妓制度由此而漸盛。

兩漢，三國娼妓逐漸旺盛，東晉時，天下混亂，婦女爲經濟所迫，賣身爲娼，而一般達官顯宦，縱情聲色，以自娛，故家庭之內，養了許多家妓。

隋唐時代受了前代遺風，所以娼妓盛行，達於極度。隋煬帝開運河南下，至江都淫狎娼妓，所以揚州妓女在歷史上負有盛名。于鄴揚州夢記：『揚州勝地也，每重城向夕，娼樓之上，街上珠翠塡茵，邈若仙境。』描寫揚妓當時之繁榮情形，可以想像了。

長安洛陽爲帝王之都，公卿往還，文士雲集，所以娼妓樹幟獨多，而身價亦比他處爲高，總之，娼妓之風，要算隋唐爲極盛時期了。

唐代官妓最盛，改設教坊，天寶亂後，教坊散處民間，於是有平康里發生。此時文人學士，以至君主多以狎妓爲風流韻事，在政治中心地長安與經濟中心地洛陽、揚州、湖州諸處，爲娼妓最盛之區。

長安官妓規例，三爲三曲，如現在之三等一樣。南曲中曲爲優等，其他則卑屑不足道，故多只稱二曲。唐人好賦詩而妓女中能作詩者也很多。

唐至於宋，娼妓之風漸漸衰落。原因是宋朝建國，有司馬光等制禮教於前，有程頤朱熹等提倡貞節於後，所以此時不特男女不能淫狎，抑且是授受不親，娼妓就衰落下去了。

自宋至元，男女儀節甚嚴，娼妓幾至全滅，到了元末年間，有明建國，娼妓制度遂又勃興。當時南京妓女之盛，眞是天下所無。因爲不特受了前代遺風，歷史最久，且是科舉時代的秋試中心，文人公子，徵歌選色，所謂六朝金粉之地是也。

在明初曾有發良爲娼的法律，營妓之制猶存。此外則有官妓。妓家各分門戶，爭妍獻媚，鬬勝誇奇，每逢秋試，乃是妓院最熱鬧的時候。至清初曾取消教坊，但南京仍爲娼妓最盛之處，洪秀全據南京時，曾嚴厲禁止娼妓，故紅羊劫後，白門妓女遂至於凋零而徙於蘇滬，滬上娼妓繁華，其來源基於此。

洪氏敗後，又復舊觀，如揚州、蘇州、遼寧、北京、津沽、廣州等各大埠之娼妓皆盛極一時。

淸末，自五口通商海禁大開，滬上遂成國際市場，經濟中心，華洋雜處，繁華日盛，所謂十里洋場，紙醉金迷，淫風之盛，殆非筆墨所能形容。

民國以來，各處娼妓日漸增多，民十一年廣州曾倡議禁娼，終未實行。民國十七年後，南京鎭江數處雖實行禁娼，也不過表面文章而已。寧波市政府在內政會議中曾有『取締公娼嚴禁私娼』的提案，好像至今尙在考慮中。

2. 產生娼妓的原因及其客觀的條件

我國實業不發達，勞動婦女較之歐美爲少，但連年的天災人禍，加之列強的經濟侵略，使整個的經濟組織破產，因之許多貧困人家乃將其妻女出賣或抵押給鴇母爲娼。這種新聞，我們在任何報紙上每天都可以看見的。

娼妓的產生，最主要的就是經濟的原因。此外都市中性比例的不平衡，經濟能力不能結婚或遲婚者的衆多，男女地位不平等，教育的不平等，女子知識技能的缺乏，以及惡環境的影響等等，都不過是產生娼妓的次要的副因而已。

娼妓聚集在都市中，娼妓之多寡與都市人口成爲正比例。卽人口繁盛的經濟中心地或政治中心地，娼妓也必定發達的。在我國，上海是全國第一大商埠，爲人口最多之處，但上海的娼妓，也是比全國任何處爲多。

人口繁盛的都市中，性比例大概男人的數目總較女性多。我們且舉我國幾個大都市的總計來看：

我國都市男女人數比較表

都市名＼性別	男	女	合計
南京	四〇二、七五八	二五七、二〇五	六五九、九六三
上海	一、〇七九、一五〇	七六二、六七二	一、八七一、八二二
北平	八八二、四二二	五五三、〇八三	一、四三五、五〇五
天津	八一八、五一五	五〇六、九七四	一、三二五、四八九
漢口	四六七、〇二三	三一一、六九三	七八七、七一六

廣州	五二五、八三一	三八四、五四六	九一〇、三七七
杭州	三一六、六九七	二〇八、五四八	五二五、五四五
青島	二四六、九〇九	一五六、〇六七	四〇二、九七六

（一九三二年一月調查）

性的不平衡，實是產生娼妓的一個條件，在都市的單獨行商者，店夥（因來自鄉間，而經濟能力不能結婚者，）在機關中工作的單身男子，無家庭之血汗工人，軍隊，學生等等，都是妓院中的好顧客了。

自從男子占了社會的優勢以後，男女的地位便日益不平等，那些沒有智識，沒有技能，而在社會上的地位又卑下的婦女，如處於不良的環境，很容易受種種引誘與壓迫而墮落。如被丈夫或情人所拋棄，或依賴父母和丈夫，而父母和丈夫之疾病與死亡等情形發生，亦走頭無路而賣身。

自實業革命後，都市人口日漸集中，人們的經濟情形亦日漸窮拙，因之，遲婚與不結婚乃是現在社會之一般趨向，尤其是勞動者，他們的能力不能讓他去結婚或早婚。但他們總有性的本能和需要。同時大批的女子既無工做，又無依賴，則不得不走到比做工還容易得到代價的墮落方面去了。

3. 我國幾個大都市的娼妓概況

關於我國各處娼妓的狀況，因材料缺乏，在這裏只能將幾個大都市等處。根據婦女共鳴第二卷乙相君搜集人家的調查的結果，略述於下，只好做抽樣的例證。

上海

上海爲全國娼妓最多之處。一九二〇年工部局禁娼前曾有統計，其總數爲六〇、一四一名，而華界及虹口之廣東排倘除外。上海的娼妓分爲四個等級：

頭等爲長三　一、二〇〇人

二等爲么二　四九〇人

三等爲野雞

A. 公共租界　二四、八五〇人

B.出入於英法兩租界者　一二、三一八

四等爲花煙間釘棚　二一、三一五八

若以出身之地域分，可分爲：

蘇幫——產於蘇杭等處，多爲長三么二。

揚幫——產於揚州江北，多爲么二野雞。

寧幫——卽寧波堂子，多爲么二。

廣幫——卽廣東堂子，類於長三階級。

上述四大幫中，寧波幫之鄉誼觀念很深，他處人難以插足，廣東幫亦因言語隔閡，不能普遍，其餘爲蘇幫揚幫，卽普通爲長三與野雞的代表。

上海的妓院尚有一種叫做韓莊（俗名鹹肉莊，）娼妓叫做鹹肉（又曰莊花，）創始於民國九年，開韓莊的人大半都是一種剽悍兇暴的老嫗，或是一般風騷尖刻的徐娘，每一莊口開張時，須向當局領一張大照會、其代價爲四十五元，大照會領得後，尚有十二張小照會好領，不另收費，但莊主發給莊花每張須得四元。莊花領得小照會後，便由莊主偕往捕房檢身拍照，本人須將自願為娼之理由和苦衷說出，得准許後方營業。大規模的莊口，其狎客都是一般達官貴人，所搜羅的莊花，連公館裏的姨太太、大小姐、跳舞女、交際花、電影明星、小家碧玉等，莫不齊備。

莊花分為四種（一）杜絕的——即貧苦人家的女兒，賣給莊主，（看面貌而定代價數十數百元不等）一張杜絕契單寫後，這種妓女，一生將永沒有翻身之望。（二）包帳的——即押與莊主，在抵押期中也完全失了自由。（三）拆帳的——即自願為妓的女子，到莊中去營業，其收入與莊主拆分。（四）自由的——俗稱自家身體，平時不受人束縛與節制，不受任何人干涉。

此類的妓女，可分為上中下三級，上級往往面貌昳麗，且有一種貴族化風韻，狎客亦是達官貴人方敢光顧。中級十分普及，只要有錢，任何人都招待，而且非常簡單。下級則同野雞一樣，多到外面去拉生意。

在虹口一帶，日俄妓女也很多，接外國人，接外國水兵較多。

北平

北平的娼妓，也分爲四等，其總數據甘布爾(Gamble)的調查：

年次	人數	家數
一九一二	二、九九六人	二五三家
一九一三	三、一八四人	三六六家
一九一四	三、三〇〇人	三五七家
一九一五	三、四九〇人	三八八家
一九一六	三、五〇〇人	三九一家
一九一七	三、八八七人	四六〇家
一九一九(二月)	三、一三〇人	三七七家
一九二九	二、七五二人	三三二家

這都是在警廳登過記的公娼數目，至於私娼，據甘布爾謂大約有七十人，私娼之中，有土娼，有半開門的娼妓，也有日本、俄國、法國、奧國及其他歐洲產的妓女，這些外籍妓女專爲供給外兵而設，恃洋人爲護符，中國警察對之是莫可如何的。

一九二九年北平的娼妓較之一九一九年是減少，減少的原因，由於首都南遷，頭等二等的娼妓也都南去，而三等四等則反增加了。如下表：

等級	一九一九年	一九二九年
頭等	六四二人	三二三人
二等	七四三人	四〇五人
三等	一、四六五人	一、六九二人
四等	二八〇人	三二一人

可知頭二等妓是減少，而三四等則反爲增加。

妓女的數目以等級來分，頭等二等尙有南北班之別，南班乃蘇產，北班乃本地所產，南班較北班價稍昂。

妓院納捐，以等級而定，妓院等級之升降，亦以納稅之多寡爲標準。各種捐款的名目很多：有樂戶執照捐，樂戶捐，貧民捐，此由妓院交納者；自妓女交納的有妓女上捐照費，妓女牌紙費，妓女月捐，妓女衛生檢驗所醫費。（各種捐款的數額，請參看北平娼妓調查，載社會學界第五卷。）

據甘布爾調查北平警察廳每月可收得花捐一〇九六七元。

妓女之生活非常痛苦，受院主任意的欺騙和剝削。若妓女是由院主買來的，則所有收入（連顧客的贈與）概歸院主；自由身的妓女，照常例營業所得應與院主平分，但事實上妓女僅能得百分之三〇，而一切用費皆由妓女自備，故大多數妓女因所入不敷所出，都向院主借債，以身作保，利息低則爲百分之三，高則爲百分之六，因之妓女多爲重利債務所縛，不得不繼續營業。（這不特北平是如此情形，各地妓女，都同樣的受鴇母或院主高利貸的剝削，使伊們永不得翻身。）

廣州

廣州妓院分三等，即上乘寨、中乘寨、下乘寨是也。妓女亦分爲三種：

一、完全不自由者——即賣絕了身體與鴇母者。

二、行動自由者——因經濟壓迫自願爲妓者。

三、半自由者——短期的賣身。

民國十五年廣州市社會局的調查，妓寨共數一三一間，內有妓艇六九隻，合妓女一三六二名，計

上乘寨七〇間，妓女七六一名。

中乘寨四二間，妓女四八六名。

下乘寨一六間，妓女一一五名。

這是登過記准許營業的數目，此外有未登記的私娼約二六〇〇餘名。

妓女應徵之價目，因等級而分：

上乘寨有大小局之別，大局卽留髡，小卽侑酒，小局每台二元九毛，大局倍之。

中乘寨有日夜局，夜局收夜度資三元五毛，日局每台收一元六毛。

下乘寨度日則收六毛或八毛，夜間十一點鐘後則爲夜局，收夜度資二元二毛。

妓女之收入，以大部分供納捐，而餘則與寨主平分，故所得實數甚微，捐的名目有花捐，附加軍捐，市政費，淸濠費，教育費，工藝費等等，妓女所得的實數，僅爲其收入全數的百分之二十五上下。至

於私娼，應徵之價目無一定，其所得須與介紹人十分之三四，作爲佣金，餘則爲妓女自得。

天津

天津妓院，大概有六百餘家，而三等及暗娼尙不在內。

天津娼妓分爲三等，頭等妓窰多爲軍閥政客及滿淸遺老流連之所，二等妓窰多爲上中階級及各機關高級職員與普通商人等獵豔之所，三等顧客則爲車夫小販勞苦工人。

妓女的收入南班與北班不同。北妓茶敍一元，住局十元，外有小費三五元不等。如打牌吃酒則需四十元。南妓多爲蘇州、揚州、無錫、丹徒、上海、等處人，待遇客人優異，茶敍二元，住局十元，下錢必多，打牌與北妓同。

妓女之包房間，身體之自由者，謂之搭住，不受一切束縛，所有收入與班主對分，謂之劈帳，本班妓女謂之櫃上人，以使用押帳，或爲人所賣而完全失去自由者，此等妓女，生活極可憐，收入悉歸班主，一切均由班主供給，日用零錢則賴客人的賞賜。生意佳者，待遇尙好，否則鞭箠隨之。

暗娼：日妓、俄妓、韓妓都有、

妓寮資本之大者八九千元，小者亦三五千元。

漢口

漢口的娼妓據十八年十月公安局調查，有樂戶七四九家，妓女二五三三人，內有幼妓三八八人。私妓約八〇〇〇人。

又據新漢口第四期中所載之妓女概數及應徵捐額表：

特等	一人	一等清倌	一一八人
頭等	二四人	二等清倌	一八九人
二等	一三三一人	三等清倌	三四人
三等	六四七人		
四等	一、一九二人		

總計二三〇七八人，共捐洋一三九五〇元。

中國的娼妓的數目究竟有多少，現在還不能有一個精確的統計，但僅就零碎搜集所發表的，甚至數年前的，或一二年前的略數，大約上海有娼妓約六七萬人，南京約有三千餘人，北平有二千餘人，漢口將近二千人其他大小都市各約一千左右。這個數字雖異常粗略和極不完全，但已足驚人了，尤其是近兩年來因外侮增加所激致之國民經濟的動搖，水旱風災荒之嚴重打擊，戰爭之不斷的蹂躪和摧殘，都市婦女的做工無路，農村婦女大都以『斤』和『年歲』論價等公開買賣，由此類空前悲慘的事實看來，毫無疑義的現在的娼妓數目必然是大大地超過數年前或一二年前那種統計的數字。

（註）參考：支那研究上海賣笑婦十八號。

北平娼妓調查，社會學界第五卷。

廣州市社會局之社會不良事業。

二十年五月二十二日南京中央日報：天津的娼業。

新漢口第一卷第四六合期。

4. 娼妓與性疾病

性疾病之最著者爲花柳病，即梅毒與淋病等，娼妓是花柳病的大本營，花柳病的傳染非常之速，故在娼妓間的勢力是非常之大。

各城公娼和人口比較一覽

城名	人口和妓女數目的比例
倫敦	1.906
柏林	1.582
巴黎	1.481
支加哥	1.437
日本	1.392
東京	1.314
北平	1.258
上海	1.137
牛莊	1.113
哈爾濱	1.82

依照『北京社會考察一覽』估計，北京城內持有照會的妓女有三一三〇人，私娼將近七〇〇〇人，這就是說每八十一人或二十一個女人中間即有賣淫者一人，這個數目也許過大了些。一

九二六年伍建德調查上海娼妓和人口爲一比一四七，牛莊則一比一三，哈爾濱一比八二，可見中國淫業的發達，在世界各國，首推第一。

上海工部局前兩年的報告上載道：『ＶＰ花柳醫院內的病人中百分之七十是由中國妓女傳染來的。』

我國人民對於各城內的娼妓，尚未有採用有秩序的醫術檢驗的方法，所以要覓一種可靠的統計，是不可能的事。黑勃齊謂在濟南往他那邊去診皮膚病的二十七個妓女，都是有傳染的可能性。一九二八年在廣東的金楊城內查過二個妓女，發見他們的血內都含有梅毒微菌，然而這種診斷不無有弊，所調查的範圍如是偏狹，自不能代表全中國的情形，所能搜集的調查只可作爲一種推測而已。

（顯現反應的程度）

城名	驗血方法	總數	無毒	有毒	有毒百分計	無毒百分計
南京	克能	二二	一九	三	三六・〇%	一四・〇%

蘇州	克能	一一	六	五	五四・五%	四五・五%
上海	華懸門	一〇四	四二	六二	四〇・三%	五九・七%
	總計	一三七			四八・九%	

（以上二圖根據賴祖光之調查）

5. 娼妓的末路

娼妓的末路終是悲慘多，來畢爾說：巴黎賣淫婦大多數的標準，是十六歲破身，十七歲賣淫，十八歲患梅毒，結果是疾病與死亡，故山額夫人說：賣淫女子的壽命平均不能超過她們開始賣淫後的第四年，這雖不免言之過甚，但我們總可相信操皮肉生涯的妓女過了她們數年營業以後，就步步下落，甚至落到十八層地獄（死）中去。彭阿木先生在上海賣笑婦中謂上海娼妓有三種結果：

好結果
- 金滿家爲官吏等作妾者
- 商人爲農夫的妻妾者
- 買私生子教育之以樂其餘生者

中結果
- 亦爲鴇母蓄妓以營業者
- 與隣里貧困人結婚者
- 與苦力同居或爲車夫之妻者
- 爲女工傭人娘姨阿媽等以度其殘年者
- 回里爲人做洗衣梳頭等事者

惡結果
- 爲花烟間釘棚的營業者
- 死亡或苦於毒病生涯者
- 做乞食者

上例中得好結果者僅 2.5—3% 中結果者爲 45.5—46% 惡結果者爲 41.5—42% 實在娼妓之有好結果的實在很少很少百人中祇得二三人而已，其餘都不免淪入苦海。

娼妓中貌美而善於交際者，能得官僚、政客、軍閥、富商等垂愛，或能將她們贖出做妻做妾，而貌醜及不善辭令者，便無此種希望。但妓院主人及鴇母皆以妓女爲搖錢樹，當妓女年輕貌美正値

『紅人』時，很難離開火坑，院主與鴇母的重債剝削（這是普通的事實，）更無逃出火坑之望。到年老色衰，又無人願意替她們贖身了，且到此時營業亦日漸衰落，昔之爲頭等者，不得不降爲二等，二等者亦不得不降爲三等四等，如斯等等下降至不堪設想而止。還有自幼即被院主或鴇母買來的妓女，視爲無價之寶，非等其連皮帶骨吮吸盡了時，不肯罷休。

6. 應該怎樣廢娼

無論從那一方面說，娼妓總是絕不應該存在的！娼妓的存在，根本上是社會的缺陷，根本上就表示男女地位的不平等，而且也是人類莫大的恥辱！

但是娼妓怎樣廢除，各國所採用的方法是：禁絕主義、自由主義、默許主義、限制主義，我國各埠，多行限制主義，惟南京鎮江近年來似行禁絕主義，而實際上還是默許主義。

上述四種方法除第一種方法外，皆是承認娼妓制度有存在的必要，而限制主義爲各國通行的辦法，蓋藉此政府可以徵收一筆捐稅。

蘇俄是採取禁絕主義的，在帝俄時代，娼妓也同各國一樣的繁盛，至革命後，因經濟組織的變更，娼妓差不多絕跡。後因實行經濟政策，加之災荒貧困等，娼妓又漸漸擡頭。蘇俄抓着了產生娼妓的原因——失業及貧困，而加以相當的治療。因此蘇俄之對付賣淫的目標，不是向着娼妓本身，也不像其他國家祇驅散了事，而是向着賣淫制度的本身，卽消滅貧困與失業，並舉行設施，以期根本剷除娼妓，

(a)經濟方面——增高婦女勞動者的工資，使婦女入職業學校，以謀獲得勞動者的資格。同時在求學期內，與以補助金。

(b)政治方面——使婦女成爲與男子同權之社會成員，更由特別婦女活動部以吸引婦女參加政治生活。

(c)衞生方面——說明賣淫的意義和傳播性病的意義。

(d)青年運動工作——設置兒童俱樂部，孤兒收容所，兒童殖民地等，用合理的性教育，來引導兒童發生健康的性慾關係。

又爲撲滅娼妓計，更有如下規定：

（a）組織失業婦女救濟院，以救濟失業婦女，並設置公共寄宿舍，使初至都市的婦女不致墮落。

（b）規定不許辭退獨身婦女，如解僱時，獨身婦女應最後解僱。

（c）設感化院，感化娼妓及放任婦女，並授以職業。

（d）設配置事務所，將偶然被逮的婦女、窮困的婦女、乞食的婦女、無人保護的婦女，皆送到這個事務所中受醫學的社會的心理的諸方面的檢查，然後斟酌各人的情形，分別送往病院，及勞動殖民地。

（e）設置兼治療與教育的勞動殖民地，在這兒施以可引導到勞動生活的教育，然後分別送往職業學校，手工業工廠，農業殖民地或孤兒治療院，教育殖民地及勞動學校。

此外封閉妓院及一切賣淫機關，如浴室旅館咖啡店等，並將娼妓一同被捕之男子引渡到法庭，患性病者則移往性病治療所，對於妓院主人，則嚴重處罰。

蘇聯有這樣的設施，近年來在其國內娼妓便日漸減少。據盤珠郝游俄報告（廣西大學週刊）

莫斯科一隅，在帝俄時代（一九一三年）約有公娼二萬人，自大革命後至一九二七年調查在莫斯科私營賤業的女子，約有四千八，一九三一年調查約有七百人，一九三四年調查，約有四百人，此類女子的人數，已逐年減少，就趨勢看來，將至於絕跡。更有顯著的證明，便是性病傳染率的衰落。

這是蘇俄的廢娼辦法，已收了很大的效果。

（註）參考婦女雜誌十七卷五號：蘇俄的賣淫問題。
結婚的破產第十五章。
社會問題辭典——賣淫。

7. 娼妓何時方得完全消滅

娼妓問題與其他社會問題一樣，根本上是經濟問題，自男女地位變更和私有財產制度成立以來，乃發生了人肉買賣。在現代文明的社會中，更是一種不可少的制度。

男女地位是否永久不平等，私有財產是否能永久存在？若照人類史看起來，皆是否定的。樂觀派說：過去的以及現在的人類歷史，祇不過是人類史的序幕，不久的將來，才能達到眞正人類史的一頁。在那時，男女地位也完全平等，私有財產也完全消滅。人們各盡所能，各取所需，什麼買賣都沒有了，還會有人肉買賣嗎！問題是這種社會化過程所採取的手段和速率，是否必須經過殺人放火美其名稱爲革命的手段，還是可以按步就班，一點一滴的改良而達到社會化的目的。

娼妓雖與人類史的序幕而同時告終，但我們不能靜待它的完結以期娼妓的絕跡，我們都是推動歷史的成員之一，我們應該用全力將這序幕翻過去。

我們明白使女子爲娼的主要的原因，是她們的貧窮，所以救娼的根本辦法，就是救窮。如果全國的人民都能飽食暖衣，則出於商品買賣動機的娼妓制度，自然就不復存在。其他的救濟的辦法，雖則皆不失爲一種建設的努力，不失爲一種人道精神的表現，然要爲治標的性質，費力多而收效小。

第三節　農村婦女問題

(一)農村婦女生活

中國地大人衆，農村婦女的生活，自然也非常複雜，因篇幅關係，可惜不能將各地實際材料，盡量的搜集，以供研究，現在僅介紹東北、河北、湖南、廣西、蘇北的農村婦女，雖明知挂一漏萬，但也可以代表南北東西各處婦女情形的一般。

東北農村婦女

現在的東北人民，因爲各種的關係，生活是異常苦痛的，苦痛最深的自然要算婦女了。一般屬於中農富農階層的婦女，鎮日關在家裏不敢出頭露面。她們的父母總是提心弔膽，晝夜盤算怎樣能使她們的女兒安全的關在家裏，怎樣可以找到比較如意的女壻，一旦物色到一個女壻，就可以草草的給她娶去，做父母的也就算完了一樁大事，省得替她們躭心了。同時，男人現在到是十分幸運，可以用不着花錢就能得着很滿意的妻子，這是他們前五年所夢想不到的。

實在講起來，東北的婦女嫁人現在眞是不易，在農村破產的今日，那一批失地失業的男人，每日在饑餓線上掙扎，沒有地耕種，沒有工可作，雖然他們可以用不着錢，去取得妻子，但是怎樣去養活她，這卻成問題了，一般中下階層的婦女，只求男人能經常的養活她，甚麼艱苦的生活都願意承受。所以一個女人能正正經經嫁到一個男人，也不能不說是幸運！

數年以前，東北中農以上階層的婦女生活是比較很安靜和舒適的，她們大抵限於家庭以內，做些針黹學習烹飪，別的事不過問，度着靜恬生活，安然待字閨中，他們的父母和媒妁便可決定他們一生的命運。

大多數貧農婦女，她們終年辛苦和男人一樣操作，像：拔苗、捉蝗、鋤地、收割、挑擔、伐柴等工作，同時還得作家庭裏面的勞役，如：燒飯、洗濯、縫紉、飼豬、養雞、喂犬、看管小孩，整天到晚的忙着。她們累着忙着，伺候丈夫，孝敬翁姑，照顧不周，便遭辱罵和鞭楚。這樣的生活，只能勉強生命，生命的趣味是說不上的。

目前在東北農村中中產以上的農民，都搬到城市中去過活，所以這類婦女，也沒有受着怎樣擾亂，自然她們也未領略甚麼苦的滋味，衣食住方面都不發生甚麼問題。而中產以下的農民，還是住在鄉村去照理他們的一塊土地，或是作僱農去混飯吃，這類家庭的女人，是最苦的，她們的生活水準甚至與牲畜差不了多少，她們在豬狗羣裏長大起來，又在豬狗羣裏生活。她們生下來的時候是挨着餓，可是現在還是挨着餓，她們的苦衷能告訴誰？

她們穿的非常襤褸，一副鳩形菜色的面孔，有令人所想不到的難看。一天到晚是操作着，不知道怎樣叫作休息，以雞鳴爲天亮，以眼睛看不見東西的時候，當作夜晚，雖然這樣忙着累着，也不能得着飽暖！有些人想東北是富庶地方，怎還能有現在這樣現象？其實他不知道這個原因。東北在歐洲大戰期間，那是黃金時代，民族資本有高速度的發展，東北穀物，尤其是特產，有廣大市場去推銷，價格也大，那時一斗大豆大約可售國幣二元，一垧地的大豆，就可售得國幣一百二十三元，一九二九年以後，世界經濟大鬧恐慌，金貴銀賤，大豆出口滯塞，它的價格慘落，其他農產物自然也遭同一之命運！這樣貧苦農民便顯然的跌入了貧困的深淵，一時湧起了賣地潮。他們爲着生活，勢必全家庭總動員，尤其是婦女，去共同工作，以穩定飯碗，及瀋陽事變發生，東北政權解體，社會紊亂，她們的生活，更弄得無出路，所以婦女也愈加重了她們工作的擔子！

聽說：在去年秋收無望的時候，在一個村子裏，一般四五十歲的老嫗，受着衣食的驅迫，沒有其他辦法，乃有聚衆搶秋割這類事件發生。今年的水災更是嚴重，秋收當然無望。搶收割，分大戶，這種事件終是會發生的！唉！東北的農村，東北的農村婦女，何處是她們的生路？

平東一帶婦女生活

平東一帶，包括河北省的通縣、三河、薊縣等區域，但若放大了範圍，則香河、寶坻、遵化、玉田以及灤東一帶都可計入。這些地方在以前很少有人注意，雖然牠們有稠密的人口，豐富的出產。但自『塘沽協定』以後，這一區域的一切狀況，都被人們留心起來，現在我只將牠的婦女生活寫在下面，作爲這個特別地帶人民生活寫真的一片段。（主要範圍仍以通、三、薊三縣爲限。）

富裕一點的家庭，女人是裝飾品，我們不提她。中產以下的家庭，女人就變成一架無限制的勞動機械。縫衣服、作飯、照料小孩，這是一種極普通的工作，各處全同。在平東各縣，女人往往到北平城內出賣勞力，藉了這個補助家用，其中尤以三河縣爲多，常住北平的人，沒有不知道『三河老媽』的。他們每月可以賺三塊錢的樣子，但經『傭工介紹所』的尅扣，也不過剩下兩元罷了。另外有撇下自己正在吃乳的孩子，卻將鮮美的乳汁出賣給都市富人的子女的，這種『奶媽』工錢稍大，每月可掙到七元至十元，但同時自己還得從鄉下雇一個人喂養自己的孩子，也要化上二元錢一個月。但無論如何，能夠巴結到都市裏面去的，已是走到天堂了。有的因爲年青一點，禁不住主人的威脅利誘，便失去了貞操，北平有一句俗話，叫做『上坑老媽』的便是。這種女人的丈夫，往往是忍受了侮辱，接受一點點闊人荷包的金錢而已。還有那些在鄉下出賣勞力的女人，那纔是眞苦呢！除去日常洗衣炊飯……之外，什麽磨麵、礱米、喂豬、喂牲畜、擡水等一切比較笨重的工作全是她的。到了『麥秋』和『大秋』（收麥穀物的兩個季節）還得和男工人一樣勞動，有許多人家，男工人只管田裏的工作，及至收穫到家裏，就完全由女僕等人負責了；這時往往女主人們也要一樣出來勞動，至於那雇不起女用人的家庭，女人們成了主要勞動者的一部分，自然更不必說了。通縣一帶，常有女人作短工的，到收穫小麥時，女人一樣可以到田裏去拔麥（將麥連根拔起，不用鐮割）不過工資照男工要少到一倍左右。秋天收了穀，就有許多婦女以及女孩子專伙割下穀穗，掙錢，叫做『掐穀』，常常按捆計值，每掐十捆穀不過六枚至十枚銅元，一天的勞動還賺不到一角錢。玉蜀黍收穫後，常雇女工剝去皮子，將穀粒一粒粒搓下，工價也極低。至三河一帶，因爲地質磽确，隨時可以看見梳了『蘇州橛』（一種特製的髻，尾部翹起。）穿了半截套鞋的女人，拿了鋤鍬在田裏流汗。窮人家的女人，到秋天也時時背起荊條筐，到處拾些碎柴爛草之類，當作冬天的燃料，女人們除去生男育女外，就這樣匍匐在低微的工銀下面出賣着她們的血汗！

廣西農村中的勞動婦女

兩廣的婦女，不像江浙那樣專做家庭奴隸，而是生產領域中的勞動者。坐船到廣州梧州等地，就可以看到許多女挑夫駕着小舟，像飛鳥似的撲上船來。在碼頭上，在街市中，也有許多背着扁擔的勞動婦女在那裏等候雇主，在農村中間，婦女勞動更是普遍，例如插秧工作，常被視爲婦女們的專業，每逢插秧時節，農村少壯婦女幾乎全體動員，如果自己沒有田地，或是田地太少，勞力過剩，就到市集中去『擺行待僱』在這勞動市場上面，她們是以集團的方式來同雇主議價，這種特賤商品，往往多至五六百人，甚至千人以上。

廣西婦女既是生產領域中的直接生產者，論理她們應當過着像男子一樣的自由生活，可是事實並不如此。因爲婦女參加生產工作，蓄婢納妾的風氣格外流行。許多地主花費十餘元至三十元，買個七八歲或十多歲的女孩使喚，養到十七八歲，就以一百多元甚至二三百元的高價賣給人家。或留供自用，玉林有些地主家中蓄婢女常在十八以上，這樣生財大道，說出來簡直可以使人驚異！

納妾比蓄婢更爲普遍，因爲婦女終年做着田間的工作，所以納妾等於添僱一個長工，比僱長工更合算，第一可以不必支付工資，第二她們除田間勞動以外，還可兼做家庭工作，第三她們工作比較僱工更爲努力。有時她們是臨時僱工的組織者和管理者。

廣西婦女，非但自身過着奴隸生活，有時還被人家當做支付給長工的現物工資。年青的長工，往往去替地主工作七年至十年左右，不取工資，期滿以後，領得一個婢女爲妻作爲報酬，長工自與婢女結婚以後，大多仍舊住在地主的小屋裏面，並從地主那裏領得幾畝田地，隨時去替地主服役，從此他們便從僱傭工人變爲變相的農奴。

廣西除納妾外，更普通的就是早婚，兒子一到十三四歲就忙着娶媳，媳婦年齡常比兒子大些，這樣進們就可負擔田間工作，十一二歲的新郎，十五六歲的新娘，在廣西是極平常的事情。

湖南的幾種鄉村婦女的生活寫實

瀏陽

在這鄉村裏的婦女，她們有一樣驚人的手工業，那就是馳名世界的瀏陽夏布。織這夏布，很是費力，可以說用手和脚在土機上一根根地織成的，而且在春秋兩季農忙的時候，無暇從事紡織。要等到秋收後她們纔有工夫去織布，這樣自然每年不能織多少，但是因爲這布的精美，價値往往高到五六十元一疋。稍下則二三十元不等。此外她們更貢獻了一樣名遍全國的菜，就是所謂瀏陽豆豉，這是她們特有的手藝，差不多每個女子都會做。而這項銷路與夏布是一樣很廣，並且是湖南的大宗出口貨。

沿江

在這裏她們惟一而普遍的工作，就是打蔴，當蔴成熟刈回後用鐵刀板用力把蔴的外皮刮去，剩下的中間蔴肉纔是所謂蔴。她們往往因打蔴而傷手，但絕不怨恨，也不倦怠，依然努力做第二步工作，把蔴曬乾，然後分成很細的絲縷，搓成很整齊的蔴，她們的腿和手就是搓蔴的工具。蔴是此地最豐富的出產品，除了米之外，每年有三次收穫，即頭蔴、二蔴、三蔴。所以她們空閒的時候很少，她們雖然這樣勞苦但是不能夠生活下去的還是很多，於是便到城市去做傭人。

家庭方面，最普遍的是大家庭制度，養成不能獨立的精神，往往一人失業或死亡，全家便不能生活。女孩子到七八歲時，若是自己家裏人少便留在家裏做工，遇有人多的家庭，就必須送給別人做童養媳，童養媳的待遇，誰都知道是殘酷的。其實女孩子送來送去，總是代替了家裏的女工，婚姻自然談不到自主，也不能避免契約和商品化的色彩。

常德

常德鄉村的婦女，她們能夠在田裏工作，什麼插秧種地都可以，的確並不弱於男子。當農事閒暇時她們則開始從事手工業，如紡紗、挑花、繡花等類，此外她們能擔着乾柴蔬菜，到城市販賣。在這裏看不出女子是依靠男子而生活的，不過在舊來的倫理思想之下，她們的生存意義，畢竟仍寄托於父母、丈夫、及兒女之上的。

桃源

此地有少數婦女，學習縫級，也只僅僅替自己家裏做做衣服而已，她們的地位比較高一點。其餘的工作就是織大布。差不多每家有兩部織布機，假如布價高漲，她們就母女姊妹日夜換班來織，一日夜可以織三疋。至少也有一疋。布價低落時，她們也是織。年老了不能織布便紡紗。她們總是不息的工作，專靠這織布，是不能生活下去的，因爲這是辛苦而利又很微的工作。

春秋農忙時，整天忙着作飯送飯洗衣等瑣事，夏天和冬天則努力紡織，每天的生活是刻板式的無變化，常常有因織布坐久而害癆病的，吐血的。她們的身體多半因勞碌並不強健，黃色的面龐，瘦小的身材。

江蘇北部農村中的婦女

素以貧瘠著稱的江北農村，近年來農村經濟破產，於是向受兩重束縛的農村婦女生活便益發痛苦了。

先看她們的工作吧，在江北一帶，因爲水利關係，種稻的縣份很少，大多是用輪種的方式，栽種着麥子、珍珠米、棉花、花生之類。在農忙期間，男女都下田工作。婦女們一方面要煑飯、帶小孩、洗衣服、以及負擔其他雜務而另一方面又得和男子同樣工作，因此只能極度剝奪睡眠時間，她們往往午夜十二點鐘睡覺早上三四點鐘起身。特別到了陰曆四五月間正是割麥時間，差不多三四點鐘就忙着到田裏去工作；直到晚上，纔一拐一拐的挑着一擔擔麥桿回家，倘使家裏有個女孩子或老母親，還可以拿一點已經燒好了的麥屑粥充塞飢腸，否則還得捧着肚子自己動手。晚上，精疲力倦的四肢，並沒有躺在床上休息的幸福，因爲還得處理家務，料理男子們的衣服飲食，

在收棉花的時候，她們的工作更是繁重，胸前背着一個大包袱，奔到田裏；爲着防備花果太熟的損失，她們的工作亦就特別緊張。稍爲殷實的農家還可以僱農婦幫忙，中農貧農只有靠着自己的雙手。有時甚至七八歲的女孩亦一搖一擺的跟着她們的父兄，蹲在棉花底下工作。一天忙着以後，到晚上更得在『熒熒如豆』的棉油或豆油的燈光之下，忙着檢花及軋花的工作。

等到農閒時期，她們工作的場所，就由光天化日的田地，而變爲潮濕狹隘暗無天日的茅屋。沿着路上，你會看到一所一所小得和墳墓差不多的茅屋；遠遠看去，你會相信那是江南式的柴堆，一堆一堆的聳立着，難得見有磚牆瓦屋。『前身註定的勞碌命，』自然不會因農閒而稍得休息，特別

在最近幾年經過連年的災荒，農業生產大受摧殘，而僅存的農產品，亦因爲價格慘落，不能維持生活。於是農閒的副業收入，本來只是婦女們勤勞的私蓄，但是現在確已不得不作爲生活費的重要來源。

江北的南通、如皋、東海、啓東各縣，棉產豐富，農婦十之八九從事織布工作。無論大小農家，幾乎每戶都有一架布機。『音洋』的織布聲，就成了闃無聲息的鄉村中惟一的音樂。此項布機，在江北各縣過去約有二百餘萬，每架每月能織二三疋布，每疋盈利四角以上。但自東北事變以後，原來的東北市場就此被奪，於是銷路大減，雖在江淮一帶及閩浙長江各埠開闢新的市場，但在舶來品的角逐之下，土布當然相形減色。最近織成之布，即使工資不計，有時還不能夠維持血本。所以近年來土布的停機已成十分普遍的現象。雖然各界設法救濟，改用改良木機，並在天生港設廠漂染，但在農村破產愈益深化之際，改良木機當然大多是在販運商人手中，而漂染廠亦不願接受無錢求漂的顧主。

貧苦婦女本錢缺乏，無法從事織布工作，或是尙未成熟及已失工作力的婦女，都以打麻爲業。

此項麻線，大多賣給鞋店食品店油醬坊等，因為定價低廉，銷路尚佳，不過所得收入，只能供給生活費的三分之一。淮漣泗沭各縣人民，因為迷信之風尚未完全打破，紙元寶的銷路，倘逢節日，尚稱不惡。因此在節日之前，都日以繼夜的製造，甚至姆指腫脹，亦所不顧。其餘更有代火柴廠糊火柴匣等。總之只要有工可做，不論報酬如何，總是努力工作。

在這樣辛勤勞苦的工作情形之下，她們的生活如何呢？在江北，一般的生活水準比江南要低得多，就以繁榮著稱的靖江而論，要買一磅餅乾，固然非常困難，甚至要買上白的飯米，都非奔到隔江的江陰不可。在那裏所謂上等白米，就是半白的秈米，但是農村裏的生活，比較這種農村化的城市還是大相懸殊，特別是因重男輕女思想尚佔支配地位，婦女生活更是難以想像。經常能夠吃麥屑粥的人，已經是天之驕子，肉腥葷菜，在她們是終年難得上口的。在新麥登場的時候，或者纔能夠吃一點麥子麵和野菜，但是園中的蔬菜，還不能不挑到市場上去出賣。至於油鹽醬醋，她們也都當作奇味，用香油調菜的時候，是用一隻筷子，一端綁着一個帶孔的制錢，在油罐裏一醮，使它滴到菜鍋裏去。在經常吃飯時，只是用點冷水搗些大蒜辣椒大葱而已。

在這種艱苦工作之下，能夠獲得一飽已經不是容易的事情。大半貧農家庭甚至不能維持生活，在江北素所通行的婦女販賣，到現在，竟在百業蕭條之中聳立着繁榮的高塔。從三四歲到十七八歲為止，都有被賣的資格，大概十七八歲的女子至多五六十塊錢，而三四歲的女孩決不會超過十元。因此在江北地主人家有三四個婢女，並不驚奇。甚至小商店，小旅館，都有幾個婢女。他們購買婢女的目的，除掉充當夥計，使之勞力工作之外，到了十八九歲，還可運到江南賣給人家，藉此又可賺得一筆巨款。這種情形，成為江北頂好而且頂普通的買賣。

一部份未成年的女子這樣過着奴隸生活，至於徼倖未被出賣的女子，除掉南通、啓東可以走入工廠以外，其他都是缺乏工廠，沒有地方可以容納這許多過剩的人口。因此很多婦女，就從茅屋奔進都市中的薦頭店去，我們走過薦頭店時，只要張眼一看，就會看到待僱的行列之中，大部份是江北婦女。但是虛幻繁榮的都市，能否給這羣從鄉村出來的人們以一線生機呢？

我們在以上幾種農村婦女生活中，已經詳細地知道她們工作的辛苦，禮教習慣所暗示出的她們的地位，經濟情形的剝削，及生活的疲勞，然而直至最近為止，她們還沒有什麽有力量的團結或組織。

（註）東方雜誌第三十二卷第六號及第十四號。
婦女共鳴第二卷第一期。
申報月刊第四卷第七號。

（二）生計陷入絕境中底農村婦女

中國農民生計之日陷絕境，『農村破產！』這是目前全國人民哀呼悲鳴的可怕的絕叫！也就是無數農民所排演的一幕最殘酷的社會的悲劇！這幕悲劇的擴大與深入，已經成爲整個國民的生存死亡之問題。在這一驚人的悲劇中，農村婦女就是占着主要位置的角色！

特別在過去一年中，農村經濟的破產，因着空前的水旱災，尤其是大規模的匪禍而交互肆虐，加速了牠的廣度與深度，我們可以隱約的看到無數的農民羣衆在死亡的黑線底下流離顚沛的情狀。

占全國農民的半數之農村婦女，在這激烈破產的悲劇中，扮演出更加慘酷的節目。我想在這裏利用若干的報紙上的資料，簡單的說明她們所扮演出來的劇情。

第一是出外傭工的農村婦女在飢寒交迫之中，唯一的出路，就是跑到都市來當女工，但都市的工業受着不景氣的影響，正在一批一批的裁減工人，甚至於倒閉廠門，那裏還有地方收留她們？於是她們便加入薦頭行，當女傭的後備軍。

據九月二日大美晚報載，『今年江蘇各縣旱災甚烈，以至秋收無望，農民等糧食發生恐慌，益以連年農村破產之結果，各縣婦女均紛紛來滬尋找職業，皆入女傭介紹所候人僱用，而能得職業者僅佔十分之四，其餘皆挨餓閒坐。據經詳細調查，全上海之傭役介紹所，共有五百餘所，每一介紹所平均欲得女傭職者有三十五人至四十八人之間，每日能得職業者僅佔極少數，統計欲謀女傭職者超過二千餘名云。』

又據七月十六日大公報江浦通訊，『本邑入夏不雨，旱象已呈，縣屬西南區一帶婦女，因口糧無出，連日紛紛出外傭工，以求一飽，結隊離鄉，狀似逃難，情至可憫云。』

貧苦婦女在鄉村富有之家當女傭，其情形更加慘酷，例如『西安近郊的農婦，多在富有之家充當傭役，所得工資每年除主人供給膳宿外僅得五元之資，而其所食多係主人之剩餘，主人食麥麵，而苦工所食者多係雜糧，故一家之內一日兩餐皆兩種有區別之飲食，故其工作生活，不啻牛馬。』（香港工商日報三月十四日西安特訊。）

第二是流爲娼妓的，關於農村婦女流爲娼妓的事實，紀旬君描寫得最爲淋漓盡致、『淮北無論鄉村，城市，都迷漫着毒臭的空氣，明娼暗娼，遍處都是……剛被土地拋棄了的農村婦女，有的以賣淫爲職業，有的以賣淫爲副業，這中間孤苦伶仃的幼女很多。年齡還不到十四歲，處女的清白便被人蹂躪，失掉了身體的健康，破壞了身體的發育，她們一生的命運，完全操在鴇兒手裏，不過大都還不到成年便給梅瘡斷送了終生！其中也有家庭的主婦，因爲兒女的號寒啼飢，不得已而出賣自己的貞操，換取家庭的消費。』（中華日報一一月二、三日）

娼妓的蔓延程度是和農村破產和貧窮的程度相爲比例的。去年十月間公共租界警務處在一個月內拘獲暗娼達一千數百名，這些就是不景氣與農村破產所造成的現象。

據廣州七十二行報載（去年一月十五日）『南順各絲廠自因絲業蕭條後停業者幾近百家，前此之賴以豐衣足食之數萬繅絲女，今已淪爲失業，此輩女子多染不良風俗，持不落家主義，今已失其生活自主能力，故泰半出爲女傭，其不知自愛者，則多移居圩市僻靜地方，暗營醜業。』

南寧民國日報上海通訊（六月十四日）描寫蘇州女子因農村破產而墮青樓的事實，『每當電燈初上妓女便充滿了大小旅館，樓下樓上，前前後後，紅紅綠綠同時馬路上還有暗娼隨着娘姨奔波勞碌，據說閶門一帶（城內不算）的這種女人約有兩千人，近兩三年來，災荒頻至，農村經濟破產，想來蘇州女人因爲生活的關係，逼着跳火坑的，大概比前更多。』

第三是被賣爲婢的，在目前出賣妻女，還是常可見到的事，在目前殘酷的農村經濟破產的過程中，這種現象更爲普遍化。

據東南日報（八月六日）孝豐通訊，『近日城中，鄉人每攜子女來城求售，尤以十歲左右之女孩爲多，鬻於富貴人家爲婢女，價至多不過二十元……』

江蘇高淳的農民，則『繫女於林，棄子於途，賣妻於人者，不一而足。』

又據湖州通訊，『浙西諸地，農村日頻破產，詎至今歲旱魃爲災，秋收絕望同時絲價暴跌，直落至十三四元，農民苦況無待言喻，其中馴順者採野菜樹皮以充饑，賣妻鬻子以償債，待迫至無路，自殺了之……。』

第四是自殺的，農村婦女因着生活逼迫，炊飯無米，而『投河自殺，』『懸樑自盡』的慘酷事件，在報章上時有所聞。

總而言之，農村破產這幕悲劇中，農村婦女所扮演的節目是特別來得慘酷！農村婦女是佔全國婦女的百分之八十以上，而她們卻都是富有勞動能力的生產大衆。

(三)解決農村婦女問題的對策

有人主張解決農村婦女問題，須從以下的幾項着手（誼女士在婦女共鳴上發表的意見亦如此。）

1. 經濟問題：婦女隸屬地位，是由於經濟的隸屬而起的，經濟的隸屬關係不能改變，則婦女之眞正解放永遠也談不到。

農村婦女目前經濟的情況是：(一)主要的生產工具完全握在男子的手中，她們所從事的完全是副勞動，雖然其勞動最繁最苦，而總是費力不討好。(二)她們沒有獨立的財產，即使她自己的勞作所賺的財產，也列在丈夫的名下。(三)財產承繼權，雖已經由法律所頒布，卻並未實行。

2. 教育問題：女子無才便是德的舊觀念，仍然支配着大多數的鄉村內的人們，而且女子是賠錢貨，誰願意使女兒入學。政府對於女子教育的設備也嫌缺乏，農村中甚至有十個男校，沒有一個女校，而男女同校的，即使是小學，在鄉村裏也是很少見的，因此女子入學的機會很少。據教育部的統計，十九年度全國初級教育男女生比率：男爲百分之八十四又七六，女爲百分之十五又二四；二十年度，都市如南京，男爲百分之五十六又七四，女爲百分之四十三又二六；上海男爲百分之七十一又六九，女爲二十八又三一；十九年度陝西省男爲百分之八十二又一五，女爲百分之十七又八五；河南省男爲百分之八十又三九，女爲百分之十九又六一；若以學齡兒童與入學數的比例計之，則女童之得入學校者，着實少得可憐。

學校教育如此，社會教育，補習教育，對於女子的關係則更少，各縣的民衆教育館，很少到農村裏去活動，卽令去，婦女因爲要作家庭的奴隸，她們的主人——男子。亦不肯令她們出去，現在所需的不但學校教育應使男女在數量上平等，卽成年的教育，亦應馬上普遍起來。

3. 政治問題：中國婦女繼續歐美之後，奮鬬了二十年，纔能取得約法第六條的規定，片面的道德觀念，以及舊社會所給於婦女的一切宗法的束縛，獲得部分的自由，同時部分的民刑法的平等亦公開允許了。因此婦女可以有參加一切政法職業活動的機會。

現在都市上的婦女可以說是得到部分的解放，我們希望這種部分的解放，也普及到農村婦女大衆中。

4. 健康問題：所包括的有三部：(一)肉刑的廢除，卽嚴禁穿耳纏足。(二)母性的保護，卽生產前後的休假及生育時的保障。(三)保育問題，卽兒童的一般的教保，以及女嬰溺死的禁絕。這三問題，在都市上已經經過長期的奮鬬，而獲得圓滿的解決了，在鄉村婦女卻『依然如故』的在那裏受苦。纏足穿耳之風俗，仍然有大部分的農村在盛行着，百分之九十九以上的縣分並沒有科學的接生，許多嬰孩單因爲是女性的關係而遭慘死。

可是在帝國主義與封建殘餘所劫持的局面下，農村經濟整個破產，農村婦女生計已陷於絕境，以上這樣局部問題的解決，也未見得就能解救農村婦女之倒懸，所以更應當研究根本的辦法：

第一、解除帝國主義對於中國政治上，經濟上的一切束縛，使中國的民族資本有發展的可能。國民經濟有了堅實的基礎，一般國民的經濟地位，自然可以希望逐漸提高，生活狀況亦可改善，婦女亦能眞正的享受人的生活。

第二、實現耕者有其田的辦法。此外可以集體農場與國營農場的方式，利用最新式的機器和化學的方法，從事於耕地之整理，與水利之建設，克服盲目的自然勢力，避免水旱等天災，如此纔可提高農產的收穫率，纔可使農民的收入一天天的增加，農村婦女的生活就可以謀改良。

然而這兩點恐怕在現在的社會是不容易辦到的，總之，中國的農村婦女問題也是應以社會之進步為前提，是應與社會問題的解決打成一片的。

現在婦女解放運動尙限於少數知識階級的婦女，今後須把多數的貧苦婦女，把她們從勞苦生活中喚醒過來，站在她們的中間推進她們，否則就有失掉我們基本力量的危險。

第四節　勞動婦女問題

(一)勞動婦女問題的意義及起源

婦女勞動問題的意義，得先明瞭婦女問題和婦女勞動問題的關係。所謂婦女問題，是關於婦女對於社會要求人權的諸問題，對於因襲的束縛要求解放。換言之，婦女問題是要除去社會上生活上男女的區別，使從來由於因襲的比男子劣等，社會上的異樣待遇和束縛自由的婦女，獲得和男子同一的待遇，同等的自由。所以牠的運動常常爲婦人對於男子的解放運動。然而婦女勞動問題，乃是關於勞動婦女的地位和境遇的諸問題，以改善工資，工作時間，勞動上的設備及其他一般的勞動條件，爲其主旨；有時是對於企業者謀勞動階級一般的解放，更進而企圖建立新的社會組織及經濟組織。所以它的運動是勞動運動的一個分派。

因此，婦女問題和婦女勞動問題，槪念是個別的，但是，婦女勞動問題是勞動問題中特別與婦女有關係的問題，同時，勞動婦女既爲婦女，自然與婦女問題有了關係，而這兩者之間，遂不免有共通的性質，所以婦女勞動問題，一方面是廣汎的勞動問題的一分野，一方又包含在婦女問題之中。

婦女勞動問題的起源，和一般的勞動問題一樣。因產業革命以後，大企業組織的發展，跟着就盛行雇傭勞動，而婦女從事於室外的勞動，成爲雇傭者的事實也就發生了。同時由於產業革命，從來家庭的自給自足之經濟崩潰了，家庭生活的資源，不得不求之於家庭以外，於是千千萬萬的婦女，和男子一樣的，被迫而驅入工廠中了。

跟着事實的轉變，勞動婦女的數目更加增多，然而那勞動條件——工資和工作時間，或是勞動保護和勞動救濟等設施，不問男女都是一般的不良。特別因婦女有因襲的差別待遇，比男子勞動者更惡劣。可是勞動婦女是女性，必須要顧到那婦女特有的健康問題。所以她們一方是男子勞動者的共同的問題，一方是勞動婦女的特有問題，而要求勞動條件的改善，便爲主要的企圖。婦女勞動問題是和一般的勞動問題同樣的，在現狀之下，努力以求雇傭條件之改善，進而根本的革新現在的經濟組織。

婦女勞動問題的最初意義，不過是關於勞動婦女的特殊問題，且有對男子而發的性質，然而現在是不同了，不分性別立於勞動者的共同利害的立場上，一致的求全勞動階級的生活的改進。

（註）參看高希聖譯婦女問題講話。

（二）中國婦女勞動問題的發生和進展

中國因工業的幼稚，經濟的落後，在三十餘年以前，工廠的勞動婦女，可說絕無僅有。自一八四二年（民國紀元前七十年）鴉片戰爭發生以後，五口通商，西洋的物質文明和新式的工業製造品，逐漸的輸到中國，但因我國政府的漠視和社會上一般人士的守舊心理，國內工業還是不知道革新。直到光緒末年，受了幾次外來的政治壓迫和經濟侵略後，外國貨物在華的銷售力日益膨脹起來，於是工廠制度在我們中國遂應運而生。現在我們所有的重要工業，如紡織工業中的棉紡業，棉織業，繅絲業等，在遜清光緒七年以前（一八八一年）的時候，不過是一種家庭工業。不單是生產力極微，國民經濟狀況也很薄弱，並且中國對外的貿易，還沒有十分發達，市上購買力不強，需要量也是不大。此後棉織和絲織物品的進口，逐年的增加，洋商在中國各通商口岸紛紛設立工廠，作進一步的經濟侵略，國人爲挽回利權起見，纔有設立紗廠布廠和繅絲廠等自行製造各業工廠，次第實現，工業的中心便無形中轉移到工廠裏去，而中國的婦女勞動問題也因之而發生了。

自從有了工廠，在那許多工場裏，如紡紗廠、繅絲廠、織襪廠、花邊廠、織布廠、麵粉廠、紙煙廠等等，婦女勞動者差不多占大多數。因爲婦女的工資比男子低廉，並且容易指揮和管理，她們沒有什麼團結和反抗，所以廠方樂於雇用婦女。加之年來政治不上軌道，當局沒有顧及勞動婦女的保障，遂使這許多勞動婦女，在惡劣環境下面作工，時間很長，工資獲得很少，又沒有強有力的組織，爲她們的後盾，因家庭的束縛，生活的困苦，無論工廠怎樣待遇她，也不能驟然離開而投他處，所以目前中國婦女勞動問題，遂成爲急待解決不容忽視的中國社會問題。

近年來本國自有的各種企業已逐漸發展，而列強投資到中國，經營各種企業的也日見增多，中國舊有的工業和農業受到列強的經濟和政治侵略的影響，差不多已無形解體。結果使中國社會經濟組織的內部發生兩大劇烈的變化，（1）農村經濟的崩潰，無論男女都被逐往都市出賣其勞力，爲工資的勞動者。（2）家庭手工業破壞，婦女爲了經濟的壓迫，都走到勞動的市場裏來維持自己的生活，所以有大批的農村婦女脫離家鄉，到都市的工廠裏正式勞動。然而她們一生的幸福，卻做了機械工作下面的犧牲者。

㈢中國勞工婦女概況

我們先來根據幾個統計，看看中國的勞工婦女大約有多少，雖然這種零碎不確實的數字，不能完全可靠，但也可以由此推測其概要，作為參攷。

民國九年全國職工數為四一三、〇四〇，全國女工數為一六七、三六七，女工的百分比為四〇·五%。（見北平社會調查部中國勞動年鑑頁五四九）

據民國十九年我國政府工商部所發表的勞工人數的統計，在江蘇、浙江、安徽、江西、湖北、山東、廣東、廣西、福建等九省的二十八城市中，計有男工三七二、六二六名，佔工人總數的百分之四六·四，女工三七四、一一七名，也佔總數的百分之四六·四，而實際還是女工比較多一些。下表把男女工在各項職業門類上所佔的數目，顯示出來，尤可以見到我國勞工婦女所處的重要地位。

業別	男工數	女工數
紡織門	一一八、〇八〇	三三七、五四六
化學門	三二、七六六	九、九〇七
飲食品門	五三、三三三	一四、八四三
衣服門	二四、七五一	三、三七三
機器門	三二、九五七	一三六
教育門	三九、三〇九	七八
交通門	一、二二六	
公用門	三、四八八	八一
美術門	一、一四二	五、八六四
建築門	二〇、五七一	一〇八
雜品門	二一、五七一	一、九七四
總計	三七二、六二六	三七四、一一七
百分比	四六・四	四六・四

從上表中，可以看出我國比較上最發達的紡織工業中，婦女的數目甚至超出男工數目的兩倍。都市中婦女勞動者的增多，是由於農村的破產，直接把許多貧困的婦女驅到工業之中以工場勞動謀生自給。她們的職業，實爲生活的最後必需基礎。所以婦女應回家庭的主張，實際上是未必行得通的。

客觀的事實告訴我們，全國婦女的生活，要算工廠的女工最爲悲慘可惜不能有確切的整個調查，盡量的寫出現在祇將幾個大的都市裏的女工概況，大約地寫一點，以供推究。

1. 無錫

無錫原有工人總數約在十萬人以上，四萬餘人是女工，各廠因爲營業虧折過重，相約閉歇，因此，無錫驟添大批失業工人，社會極感不安。在此工人過剩的情況之下，各業工廠，對於原有的工人便乘機壓迫，如減少工資，增加工時，工人們，尤其是女工，爲了要生存的緣故，除了茹苦忍痛以外，絲毫不敢反抗。舊式工廠的女工，每天須作十二小時甚至十五小時的苦工，才能得到些微的報酬，產前產後既得不到例假，又沒有工資（祇給食假）如果因產後發生疾病，逾期不能銷假，則廠方不准其續假，逕行開除職務。有些廠家，連大小便都要限制（每天，只准兩次，上午九時，下午三時。）有嬰兒的女工，只能在吃飯時間喂孩子的乳，但是吃飯時間有限，倘若顧着餵孩子乳，每每躭誤了自已吃飯，有的女工將飯延到做工的時候吃，又要受盡管理者的責罵，輕受罰，重挨打，甚而至於開除工籍，亦事屬尋常。此外如非法淘汰相貌較醜年齡較大的女工，無故扣發工資，稍作錯事任意處罰，更是極普通之現象。至於工廠設備之不合理，不衞生，影響於女工生活之處，更是不堪描寫。失業的更苦，往往走上自殺之路。

2. 上海

上海統計有二十餘萬女工，但據經濟統計月報第一卷第三期統計上海工廠共一、〇三八，男工七一、一四一，女工僅一一〇、五九八，童工一七、六九八，共計工人二〇〇、四一七餘，因爲它是以合於我國工廠法者爲限，而且還有數千工人是性別不詳的，所以這個統計不見得完全。

下表卽上海各種女工工資及工作時間和人數的概況（見女聲第三卷第十二期菊人君之

報告）

類別	最高工資	最低工資
化裝品	八角	三角五分
香煙廠	八角	三角
紗廠	五角	一角五分
絲廠	五角	二角
綢織	九角	四角
毛織	五角五分	二角五分
織布	六角	二角五分
印染	四角八分	二角五分
針織	五角五分	二角
軍服	五角	二角
橡膠	四角五分	一角八分

化學藥品	七角	三角
洗染	四角	二角
絨布	五角	二角

註：女工工資，以日計算。

類別	工作時間	工人數目
化裝品	九小時	一千人
香煙廠	十一小時	三萬五千人
紗廠	十二小時	十萬人
絲廠	十二小時	三萬人
綢織	十小時	一萬人
毛織	十一小時	二千人
織布	十二小時	六千人
印染	十二小時	五千人

針織	十一小時	八千人
軍服	十二小時	一萬人
橡膠	十二小時	三千人
化學藥品	九小時	一千人
洗染	十一小時	一百餘人
絨布	十二小時	一千五百人

由這個表上的數目，共計上海女工實有二十一萬二千六百餘人。當然也不見得就完全了，也許還有遺漏的。

上海女工的生活，仍然是牛馬似的生活，一般繅絲廠，工廠設備之簡陋，待遇女工條件之苛刻，對於女工福利設施之欠缺，比無錫的舊式繅絲廠尤爲不如，一般紡織廠的情形，雖比較好些，待遇亦較佳，然而距理想仍甚遠。

3. 天津

天津女工的人數，共有四、五〇八人。她們的業務分配，統計起來最多的是紗廠了，有二、一五三人，佔全體的百分之四七・七五，最少的要算絲棉欄杆業了，有二人，佔全體百分之〇〇・〇五，平均每業有二六五人，附表：（見婦女雜誌十六卷第五號）

業務	人數	百分比
紡紗	2153	47.75%
煙草	1600	35.49%
織布	152	3.36%
染織	24	.53%
針織	58	1.28%
地毯	44	.97%
毛線	32	.71%
絲棉欄杆	2	.05%
帽子	5	.12%
造胰	5	.12%
皮貨	9	.20%
石棉	20	.48%
涼蓆	19	.43%
筐子	9	.20%
火柴	90	1.99%
罐頭	32	.71%
提花	254	5.61%
總計	4508	100.00%

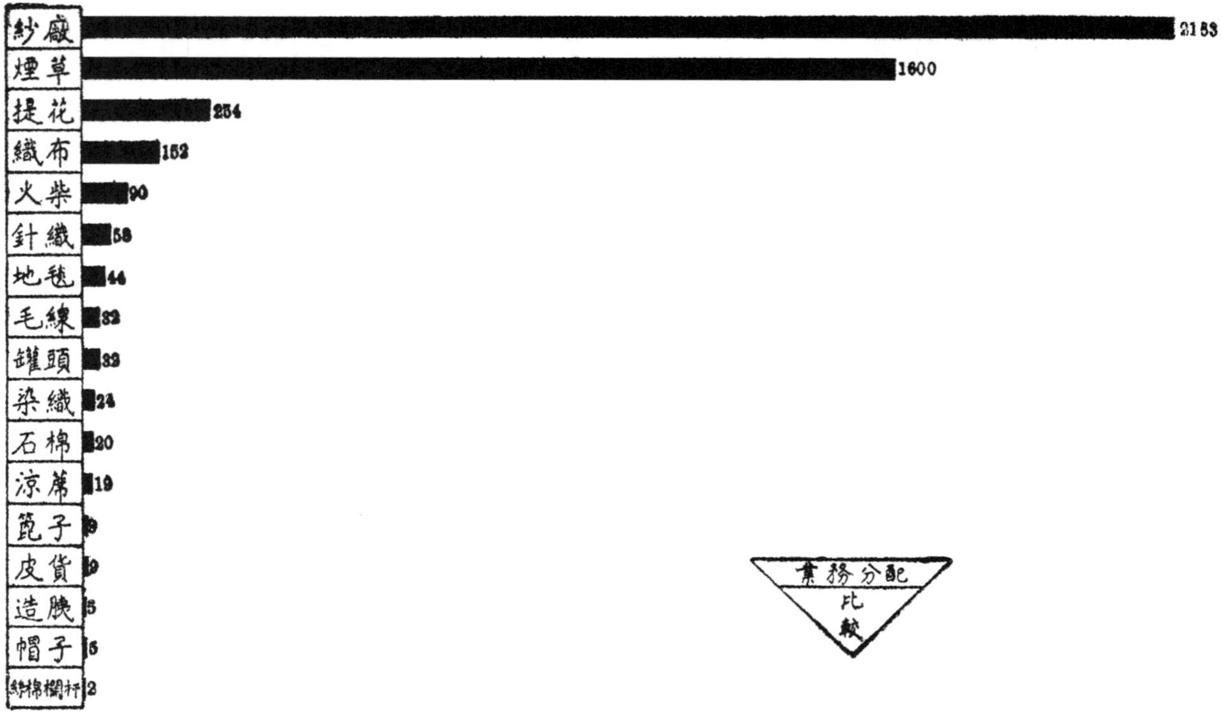
紗廠 2153
煙草 1600
提花 254
織布 152
火柴 90
針織 58
地毯 44
毛線 32
罐頭 33
染織 24
石棉 20
涼蓆 19
篦子 9
皮貨 9
造胰 5
帽子 5
絲棉欄杆 2
業務分配比較

業務上最多的是紡廠，津市的紗廠，共有六處，除去恆源紗廠沒有女工外，其餘五廠的女工比較如左：

五大紗廠女工的比較

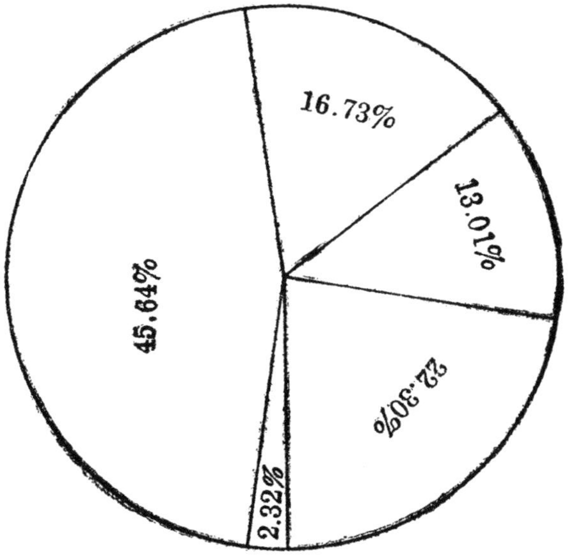

裕元	983＝	45.64%
裕大	280＝	13.01%
北洋	50＝	2.32%
寶成	480＝	22.30%
華新	360＝	16.73%
總計	2153＝	100.00%

紗廠內工人，以女工佔最多數。一般的廠主，大都利用婦女的心靜仔細，叫他們管理搖紗接線，

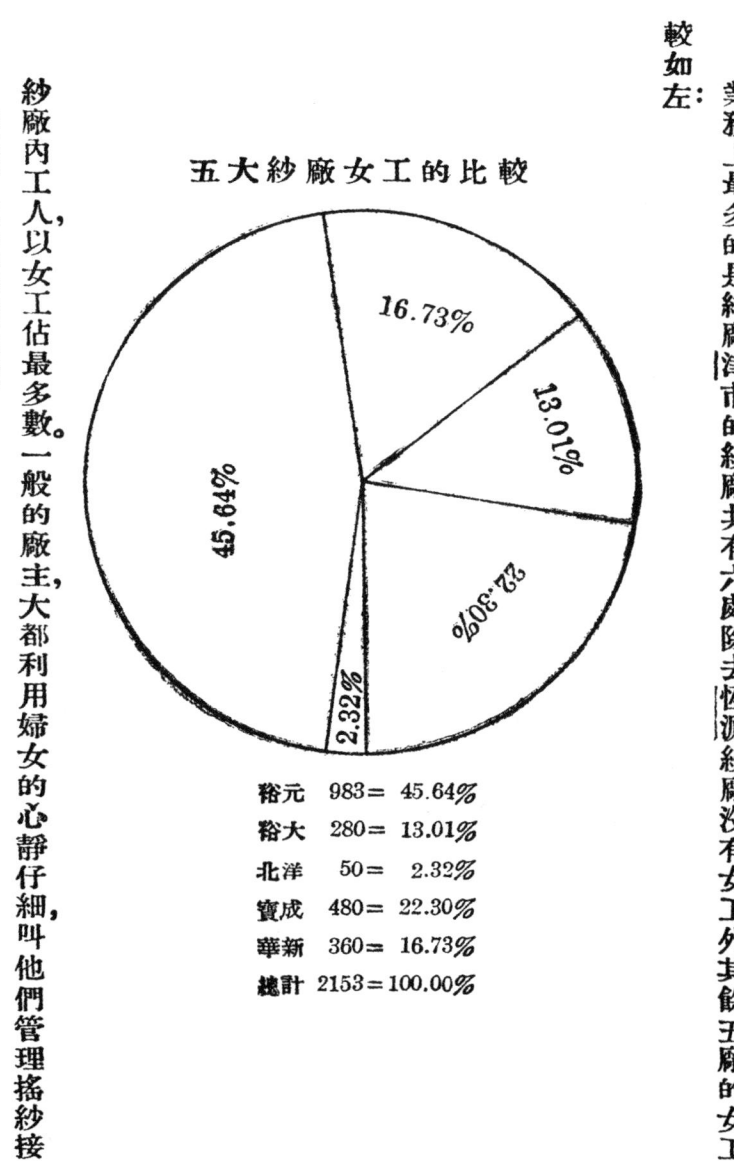

和股的精細工作。其成效，當然要勝於男工，現在將五大紗廠的女工和男工的數目比較一下，作爲參攷：

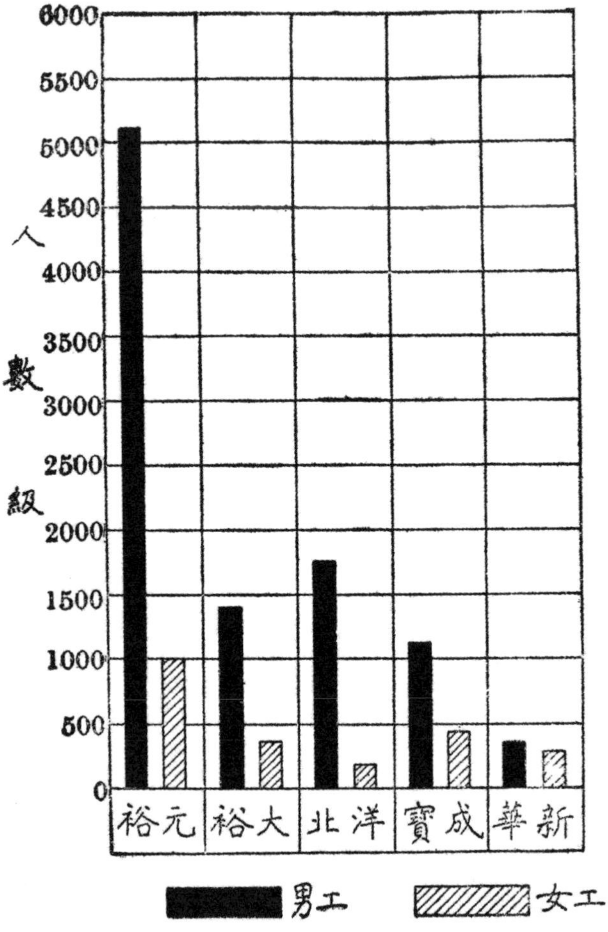

天津女工工作時間的情形，往往很長，尤其是那些中小的工廠，廠屋黑暗，空氣停滯，機器安置的不當，一進門，就可享受極高度的臭氣，使人欲嘔，而紡織工廠線的纖維飛揚，場內火柴工廠硫化磷的氣味，都充滿了工作室。她們在這混濁的空氣中長時期的工作，阻礙她們的發育，減低她們的壽命，甚至有時不明白機器的構造，觸着就發生危險。

她們因為工作過久，除去精神萎頹之外，時常要發生職業病——目疾、咯血、肺病，普通還要自己去治療，自備醫藥費的。此外還要受工頭和掌班的侮辱，多有因此而墮落了的。

4. 廣州

廣州女工人數據廣州市政府十八年的統計年鑑。有三三七、六九〇人。一般人普通的觀察，總以為婦女的工作能力像童工一樣，要比男工差得多。所以女工的工資也遠不如男工，其實這一種見解，是否與客觀的事實相符，儘有置疑的餘地。男女工資的差別，據工商部在十八年調查的統計有如下表所列：

廣州各業男女工資比較表

業別	男工的工資	女工的工資
火柴類	一〇·五〇	六·〇〇
醫藥類	一〇·六〇	七·五〇
煙火類	三五·〇〇	一二·〇〇
漂染類	一六·〇〇	九·〇〇
毛刷類	二五·〇〇	一二·〇〇
製帽類	七·〇〇	一〇·〇〇

顯然地，男工的工資，總要比女工的工資增高一倍，除了製帽是例外。依照實際情形，就是男工現在所得的工資，都不易維持至低的生活的，因此要使婦女用如此低微的工資去分配她生活上所必需的費用，當然更不可能了。依照上面各項工資的平均數，則一個女工每月的工資收入僅爲九元三角。假定女工的工資僅在於供給自己，那也許還可以勉強對付，可是一個女工的收入，總要

去幫助丈夫共同維持至少二個孩子的家庭，所以辛勤的結果依舊只能在慘澹的生活中苟延殘喘。下面便是工商部同年的調查統計，表示出廣州的工人家計每月的收支情形。

被調查的廣州工人家庭有一百九十九家，平均每家人數爲二·八〇人，平均每月的收入爲三十元二角四分，平均每月的消費爲二十七元零八分，因之在收支的百分比中入超成爲百分之七十一·三八。出超爲百分之二十八·一四。而在每月的支出百分比中，飲食佔總數百分之五三·五五，衣着佔百分之六·七八，房租佔百分之二〇·六三。燃料佔百分之八·六七，雜項佔百分之一〇·三七。

可知能維持這種最低限度生活的人，已經算是萬幸的了。還有那些千分之七百六十四·一一之中至少有五分之三的婦女都是貧苦階級的人物，那種的生活才可憐哩！依照廣州市政府十八年上半年的統計，那些得業而復失的情形，更將加倍的悲慘。

十八年半年內前後所失業者，總數有四千四百十三人，其中當然也有失而復得，而此種統計又未必一定準確，但至少失業恐慌的蔓延，是顯著的事實。直接因生計問題而自殺的，在十七年女子有十八，十八年上半年有自殺女子六人，間接因家庭問題或被虐待而自殺的，在十七年，自殺女子十五人，在十八年上半年自殺女子十九人，這種婦女如果自己經濟可以獨立，自己生計問題可以解決，那是不消說，是不必一定出於自殺一路的。比如看十七年十一月至十八年六月中，廣州市貧民教養院逐月新收的男女同樣激增，但出院的男子，平均每月有二千人，而出院的女子，卻平均每月只有一人，男子出院便是想去嘗試找工作。女子明知是走頭無路，所以就在有飯吃的地方挨下來了。由此可知這些貧苦自殺的婦女，要是生計問題可以自己解決，也就不會如此輕生了。

綜觀各節，便知廣州的勞工婦女問題是如何嚴重，廣州如此，其他地方何獨不然。

5. 漢口

據漢口社會局統計十八年度各工廠工人總數九、九三九，內女工二、七八八，計軋花一七，火柴九〇〇，繅絲六三〇，織襪一〇，紡織一、二三一，其每月工資火柴工人十六元，最低者八元，繅絲工人十四元，最低者十元，織襪工人八元，最低者六元，紡織工人八元，最低者七元。

更有中華日報去年載漢口航訊，關於漢皋各業工廠調查如下：

漢口工廠，爲數甚多，而合於工廠法者，則僅紡織捲烟等十九家，共計工廠六十家，茲將各該業之工人數量與工作時間工資高下分別調查統計於次：（一）紡織業工廠九家，共男工六百九十六人，女工二千五百二十六人，童工二十四人，學徒七十九人，工作時間最多十二小時，最少八小時，工資最高每日二元五角，最低一角。（二）捲烟業工廠三家，共男工一千〇十五人，女工一千五百六十二人，童工三百〇七人，工作時間最多十小時，最少九小時，工資每日最高四元三角，最低三角七分。（三）機器翻砂業工廠八家，男工一千二百五十八人，女工二人，學徒一百三十二人，工作時間最多十一小時，最少八小時，工資最高每日二元三角，最低一角。（四）水電煤氣業，計工廠五家，男工一千〇五十二人，學徒五十一人，工作時間最多九小時，最少八小時，工資每日最高四元一角二分，最低三角。（五）茶磚業工廠二家，共男工五百二十四人，學徒五十二人，工作時間最多十二小時，最少八小時，工資最高每日一元五角，最低三角。（六）印刷業工廠五家，共男工四百四十八人，學徒三十四人，工作時間最多九小時，最少八小時，工資每日最高三元，最低一角。（七）麵粉業工廠三家，共男工四百三十一人，工作時間十二小時，工資每日最高三元，最低三角三分。（八）榨油業工廠二家，共男工一百六十八女工二百四十八工作時間最多十一小時，最少八小時，工資每日最高六角，最低三角。(九)蛋業工廠一家男工五十人，女工二百六十人每日工作八小時，工資每日最高一元，最低三角。(十)火柴業工廠一家男工八十人女工二百人每日工作十小時，工資每日最高三角一分，最低二角。(十一)漂染業工廠七家男工三百〇八人學徒三十五人工作時間最多十二小時，最少十小時，工資每日最高一元五角，最低一角。(十二)玻璃業工廠三家男工七十二人女工五人童工五十一人，學徒四十一人工作時間最多十小時，最少八小時，工資每日最高一元四角，最低一角。(十三)煉灰軋石業工廠一家男工七十六人每日工作十小時工資每日最高一元，最低四角。(十四)米業工廠三家男工一〇七人學徒四人工作時間最多十二小時，最少十小時工資每日最高一元一角，最少三角二分。(十五)餅乾工廠一家男工二十八人，女工四十人童工四人學徒六人每日工作十小時，工資每日最高三角，最低一角五分。(十六)肥皂業工廠二家男工六十八人工作時間最多十一小時，最少十小時工資每日最高一元一角三分，最低二角五分。(十七)製藥業工廠二家男工十一人，女工三十九人，學徒三人，工作時間最多十二小時，最少十一小時，工資每日最高四角，最低一角八分。(十八)鈕扣業工廠一家男工四十人，女工十五人，每日工作八時，工資每日最高三角，最低二角五分。(十九)棉花打包業工廠一家，男工三十一人每日工作八小時，工資每日最高二元，最低四角。以上十九業，六十家工廠，共計男工六千四百六十六人，女工四千八百八十九人，童工三百八十六人，學徒四百三十八人，總共一萬二千一百七十九人云云。

總之中國的工廠女工，正與各地的勞苦大衆，有着同樣的命運列強的經濟侵略，內戰的不斷的發生，苛捐雜稅的繁重，地主豪紳的榨取，以及內地大規模的有組織的匪禍，農村巳陷於極度的貧困，過剩的農民人口，其中一部分是婦女，便不得不抛棄田園生活展轉的奔趨都市，以出賣勞力，想換取一些生活資料。但因爲中國產業的落後，設備的不良，勞動條件的惡劣，使勞動婦女無論在精神在身體上都受到很大的損害。

(四)中國勞動婦女的諸問題

1.工資問題

大批的婦女，離開了家庭，走入社會，成批的跑入工廠，參加工業的勞動，掙得維持自己的生活資料。這裏當然不是廠主們有意識的來爲女子謀解放，而是由於女工最能滿足他們取得最大利潤的要求。因爲在現社會中婦女比較男工爲馴順，而且比較缺乏強有力的組織，她們比較男工更易接受苛刻的待遇，因此在近代產業制度之中，女工工資一般總是較男工爲低。試看中國工業較發達的地方男女工資的差別情形：

男女工資比較表（日計）

縣市	男工工資	女工工資	女工佔男工比例
上海	○・六七○元	○・五○○元	○・七四
天津	○・四五○元	○・二○○元	○・四四
漢口	○・三九○元	○・二九五元	○・六五
無錫	○・六七元	○・五七○元	○・八五
廣州	○・三五四元	○・二五○元	○・七○

（根據二十一年勞動年鑑羅瓊改製）

在這種工資差別之外，女工一般還比較男工易於指揮，所以只要女工能勝任的工作，廠主總是儘可能的範圍內僱用女工，特別是在輕工業部門。例如絲廠布廠等等，全以女工佔最大多數，例如上海紡織工廠男工數至多不過女工的三分之一，繅絲工廠除一部份經理職員外，都是女工，（中國勞動年鑑第一號）天津烟草業女工也佔總工人數的百分之九十五，絲廠女工佔百分之九十。（一九三四年十月二十三日無錫人報）

最近因受經濟恐慌的打擊，廠主們為努力掙扎，向用男工的部門，亦儘可能地調用女工，如無錫紡織中舊時男工佔百分之四六，女工佔百分之五四，近因節省工資及便於指揮起見，向用男工的，亦漸漸改用女工，到現在全縣紡織工的比例，女工佔百分之八十，而男工僅百分之二十六（一九三四年十月二十三日無錫人報。）這裏很清楚的表現女工因為更有利於廠主們的經營，所以在勞工界中她們佔到了並不弱於男工的地位，特別是在恐慌期中，但是女工的工資無論計件或計時都被七折八扣地減少，這種現象已普及於全國。

華北的裕元紗廠在民國二十一年整理以後，工資大大減少，平均每日工資為〇・五二元，後降爲〇・四七元（一九三五年五月三十日天津大公報）上海紡織工會決議將工資以八五折計算，怡和紗廠將工資減少百分之十，申新廠最近又減少四分之一。上海棉布廠又自六月一日起一律減少工資並取消一切津貼。按目下工資每日僅得大洋四角，除去飯金所餘無幾，若再減低，勢難維持。（一九三五年六月十二日中華日報）

再看繅絲工人方面，工資也盡量在減少，較五年前幾乎減少了一半。

五年來繅絲工人每日工資之降低

工人類別／年次	一九三〇	一九三一	一九三二	一九三三	一九三四
絲間工人	〇・六五	〇・六〇	〇・五〇	〇・五〇	〇・四二
繅間工人	〇・六〇	〇・五五	〇・四五	〇・四五	〇・三八
打資工人	〇・三八	〇・三五	〇・二八	〇・二六	〇・二二
抄繭工人	〇・六〇	〇・五五	〇・四五	〇・四六	〇・三八
扯吐工人	〇・三八	〇・三五	〇・二八	〇・二六	〇・二二

（一九三四年中國經濟年報一一九頁）

絲廠工人如此，織綢廠工資也以同樣比例減低，如美亞綢廠，工資一減再減，現在比較民國十七八年要減掉一半多，以前最高工資每月六十元，現在只三十元，以前最低也有十餘元，現在最低的連伙食都幾難維持了。此外如上海寶華裕村兩織綢廠，都實行減少工資三分之一，恆豐綢廠於第一次減工後，復於本年一月二日宣布減少原有工資之二成，萬寶綢廠，將原有錦地縐工資每尺六分減爲四分八釐。（一九三四年一月十八日商報）（以上參攷婦女生活一卷二期）

所以我國在工廠勞動的婦女，都因爲低賤的工資，而感到生活不滿足的痛苦，何況生活程度日高，工資逐漸減低，結果使工人的生活，不能不更陷於悲慘的境地。

2. 工時問題

工資是婦女勞動的經濟問題，工時可以說是她們的生命問題。在中國現代的家庭，一切事務差不多全由婦女擔任，所以她們在工場的勞動時間，雖然和男子勞動相等，但是婦女勞動的痛苦，卻更甚於男子勞動，因爲男工一經出了工廠，便可以休息，而女工每天工作十二小時，回到家中還要煮飯、燒茶、縫級、洗滌、管理小孩種種事務。

據繆爾浩士(Mulhuse)的調查結論，常人壽命平均三十六歲，而工人的壽命僅得二十五歲，繆氏認為勞動者壽命縮短的原因無非在工場長時間工作的結果。（見邵元冲美國勞工概況）

上海各業女工時間最少者九小時，紡織業及繅絲業每日工作十二小時。天津三十一家工廠女工，差不多三分之二工作時間，每天至少工作十一小時，甚至有工作十三小時至十五小時無限制的。（參看北平社會局調查部中國勞動年鑑及Women in Tientsin Industries, by Tao Ling and Lydia Johnson)

漢口各業女工工作時間，以織襪國布及邊帶業工作最長，十四小時，其餘十、十一、十二小時不等。八九時工作者甚少。（十九年漢口社會局調查報告）廣州女工工作時間則雲紗業十一小時，針織及膠業則為十小時，其他多半九小時（立法院統計月報一卷十號。）無錫女工工作時間多係十一十二小時，工作八九小時的可稱絕無僅有。（參見無錫勞動界概況，全國女青年會調查部出版。）此外無錫慶豐紗廠布機間工作時間，由六進六出的十二小時制改為晨四時上工，晚八時半停車，工作時間有十六個半小時。（一九三四年六月二十六日人報）

3 災害問題

勞動婦女都處於長時間的不規則不衞生的狀態之下工作，釀成種種災害，以至促短生命。幾年前上海工業醫院疾病記錄有八八〇個報告，曾製成幾個統計，很能幫助我們對於中國婦女勞動的被災害的情形，得到相當的認識。（見China Medical Journal 111. 1926 1, 3.

A. 疾病人數和災害的百分比

工人類別	病人總數	各類工人百分比	工業災害人數	佔疾病總數百分比
男工	五六六	六五%	二三一	四一%
童工	一六四	一八%	四二	二六%
女工	一五〇	一七%	一〇〇	六六%
共計	八八〇	一〇〇%	三七四	四二%

此種患疾病的女工，大多來自外人管理的紗廠，至於本國人設立的紗廠的女工還沒有記錄可考。在這個比較表中，女工的工業災害的人數佔最多數（一〇〇人）是很可注意的一件事。

B.因傷永久殘廢和因傷死亡比較表

工人類別	永久殘廢	死亡
男工	二〇%	一七%
女工	四四%	〇%
童工	二九%	三%
共計	二五%	一八%

在這個表中女工因傷害死亡，雖沒有一人，但永久殘廢的卻高至四四%，這數目也是很可注意的，據該醫院調查結果的報告，這許多永久殘廢的婦女勞動者因眼球被機械刺傷而失明的佔大多數，工場設備的惡劣，由此類的事實亦不難推想而知，

C.其他疾病

工人類別	肺病	呼吸病	脚氣病	寄生蟲病	長期腿瘡
男工	五%	七五%	六%	二二%	五%

女工	一四%	一五%	三%	四%	一〇%
童工	二二%	八%	〇%	三二%	〇%
共計	〇%	〇%	五%	一九%	五%

表中女工和童工肺病的百分比都很高。（童工二二%，女工一四%）這也是很可注意。考察災害的原因，最主要的爲工廠中空氣的潮濕和溫熱，次要者爲工作和生活狀況的惡劣。附一九三四年全國工業災害（據中央工廠檢查處統計：）

我國工廠安全衞生之設備，因多欠完備，故工業災害時有發生，中央工廠檢查處，近爲供改進之參考起見，特製就去年各地工廠災害統計如下：（一）爆炸二七次，傷亡一、四九四人，損失三百八十八萬五千元。（二）火災一四五次，傷亡一、〇〇八人，損失一百八十五萬二千元。（三）跌傷三二八次，傷亡三二八人。（四）軋傷三六三次，傷亡三六三人。（五）觸電一五八次，傷亡一五八人。（六）擊傷三三七次，傷亡三三七人。（七）撞傷二六五次，傷亡二六五人。（八）壓傷三二二次，傷亡三二二人。（九）灼傷一四八次，傷亡一四八人。（十）水災一〇次，傷亡四九八人。（十一）窒息一八次，傷亡七二人。(十二)其他三四九次傷亡四六七八人。(十三)總計二四七〇次傷亡五〇一一人，損失總數五百七十三萬七千元。

一般說來，女工生活的慘落，往往更深於自己的丈夫，一方面因爲在工廠中的勞動以外，婦女尙有其家族的工作，他不得不以一身而擔負雙重的工作，而另一方面女子因生理關係，往往工作過度，發生昏蹶流產等類慘事。此種慘酷的災害情形，實是恐慌中中國勞動婦女特有的命運。

4. 失業問題

中國民族工業的普遍衰落，已給與中國整個民族經濟以一大打擊，特別是九一八事變以後，營業指數的下落，已顯示着空前紀錄，而表演得最顯著的，則爲紡織業。

一九三一年——三三年紡織工業營業消長指數表

業別	一九三一年	一九三二年	一九三三年
紡織業	七八	五二	三五
棉織業	一二八	一一〇	一一〇

染織業	一二五	一一〇	八〇
毛織業	八九	六五	八五
絲織業	一六〇	一一〇	九〇
針織業	一一〇	七〇	五〇

（以一九三〇年度營業額爲一〇〇）

（根據中國銀行二十二年度營業報告羅瓊改製）

根據上表的記載，紡織業是有江河日下之勢，其他如繅絲業，一九三〇年上海有絲廠一三五家，到去年僅餘二十三家，無錫舊有五十餘廠，去年最盛時開車者僅三十三家，浙江全省祇十六家開廠，其慘落的情形，更比紗廠來得顯著。在此普遍衰落之下，對於女工給與何種影響，無疑的是工廠紛紛倒閉或收縮，必得驅逐大批女工跑入失業的隊伍。要找正確的統計，是極不容易的，即使有勞工失業的總數，亦難完全可靠，關於一九三三年之失業統計，國際貿易局統計爲六十萬人，實業部中國勞動年鑑，統計爲二百四十餘萬人，江西省政府出版之經濟旬刊統計爲四百萬人，又新聞材料，則謂已達一千二百萬元，此等統計，大相懸殊，據比較確實的統計，中國勞動者的失業，大概在五百萬人左右。至於女工總數只能根據多數的紡織工廠倒閉或收縮情形，作一具體地敍述。在華北天津的裕元、恆源、寶成、北洋、裕大五廠在廢曆年底先後倒閉失業工人竟達一萬五千人以上（一九三五年三月二十九日天津大公報。）在華南廣東順德繅絲工人約二十七萬餘人，其中失業者竟達二十萬人（一九三四年七月九日廣州日報。）華中據紗業鉅子榮宗敬的報告，在他僱用之下的工人本有十萬餘人，現在只剩八萬。失業已有二萬餘人（一九三五年二月二十四日時事新報。）在上海紡織工場中減工者竟達百分之二十五，製絲工場達百分之三十三強（一九三四年十一月十四日上海各報。）在這悲慘的失業羣中，雖然不完全是女工，但是女工無論如何是佔絕對多數。

因反對解雇與開除工人或失業以後無法謀生，也常釀成工潮，如去年十一月，慶豐就因反對解雇舊工人另找賤價新工人而發生第三次的罷工。同年三月潮州絲廠失業工人搗毀工廠，同時河南豫豐紗廠延期開工，工人要求發給生活維持費，四月正泰橡膠廠女工要求開廠，以及今年一月天津裕元紗廠失業工人要求維持費及積欠奬金等等。

綜上所述，我們不難想到中國女工們的慘苦生活，是一個嚴重的社會問題，同時也是一個迫切的婦女問題，女工問題所以在整個婦女問題之中佔有特殊的重要地位，不僅女工數量在全國婦女之中佔了相當巨大的成分，尤其是因爲她們是在整個婦女解放運動之中站在最前線，是婦女大衆的先鋒隊。如果願腳踏實地的來研究中國婦女問題，那末對於數十萬女工的艱苦生活，須予以特別的重視，非謀根本的解決不可。

（註）參考婦女生活一卷二期三五頁。
高希聖譯婦女問題講話。
鍾貴陽著中國婦女勞動問題。

第三章　中國婦女運動

第一節　婦女運動之由來及其經過

自十八世紀末葉以來，歐洲以生產方法進步交通機關之發達，及大資本之集中之結果，於是產業制度乃有高速度的發展。在新的經濟組織之下，一般的生活水準，雖有增加但階級間經濟的距離，卻也愈趨愈遠。女子之流入勞動市場者便一天天的增多，同時，由工商業的發展利用女子的範圍也一天天的擴大，在新的近代產業制度經濟之下，女子與男子同樣爲生產的要素，負擔同等價值之勞動。但是只因爲女子是女子的緣故，卻要受比男子更低的工資，而且她自己勞動所得的工資與自己的財產，須完全交給丈夫。妻子若是不貞，丈夫可以提出離婚，借着國家的權力，把女子投之監獄，但是女子可不能以丈夫的無行請求離婚。女子對於兒女的養育雖然是犧牲最大，但是親權則專屬於父親，離婚之後，女子便永遠與子女分離，女子雖然與男子同爲國家一分子，負擔納稅的義務，但是所享的權利完全不同，習慣上最有利的職業亦禁止女子參加。在女子只有最苦痛最不利的筋肉勞動，以及下等的頭腦勞動是可以的。女子雖是國民一分子，對法律的規定有服從的義務，但是她們沒有發言權。總之，婦女在現代，她所擔負的社會義務，和她所享受的權利是不調稱的，往往有失於公允。

女子經濟地位的變化，與一般民衆權利之伸展相表裏，而促成人權的自覺，因此在一八四〇至五〇年間，歐美先進國間，不期而有婦女運動之發展。教育與職業的自由，參政權之獲得，法律上男女之平等，這些都是各國婦女一致所要求的目標。

到了一九〇〇年以降，婦女參政權的運動，便日益激烈，迨世界大戰之時，參加此運動的女子多至數百萬人。各國藉着愛國的名義，要求女子共同協力來對付戰爭，因此女子勞動的需要，更爲擴大。這樣在大戰時期，女子的經濟勢力乃以大增，女子在政治經濟各方面的新的地位，乃得到社會中的承認。等到大戰結束，英德美等國的政府都先後承認女子有參政權，並在形式上承認女子有平等的權利。

第二節　中國婦女運動的幾個階段

(一)辛亥以前的婦女運動

數千年來我國婦女所處的地位，可以由「婦者伏於人者也」一句話中看出。所謂「人」當然是指男人，所謂「婦」則絕不能獨立，所以在家時要「從父」，出嫁後要「從夫」，夫死了還得「從子」，這婦女雌伏的思想，一直平穩地傳下，直到國家整個生存問題發生了劇烈的動搖時，牠纔也慢慢地崩潰下來。戊戌政變，卽是牠崩潰的開端。

一八九八的戊戌政變，在政治方面雖然完全失敗，在思想方面，卻得了絕大的勝利。當時從事革新運動的人物，認定要救國家的危亡，必須採用西歐的文物制度，學術軍備，而在腐敗的專制的滿清統治之下：絕不足以有爲，戊戌政變的失敗，就是很好的證明，所以此後便積極地集中於種族革命和政治革新。這時西歐方面，離法國大革命已逾百年，他們已經爛熟了的自由平等，天賦人權，天演物競男女平等的思潮，都由新人物搬到了中國。大家本着天下興亡匹夫有責的觀念，為了政治的緣故，而萌芽了女權運動。

一九三〇年，出現了主張男女平權的女界鐘一書。其中楊錫綸女士的序文中有：『方今女權墮地，女學不昌，順從以外無道德，脂粉以外無品性，井臼以外無能力，針繡以外無教育，筐筥以外無權利……宜乎蠢蠢鬚眉，塵塵巾幗，兩俱沉淪於黑暗世界，以有今日之時局也。』她的着眼點，無非是為幫助男子救國匡時，為使女界中也有致國家於富強的人材，而幷不是為了婦女本身的利益，更不是為了婦女大衆的利益。

但女界鐘的作者，卻有比這高超的理論。他主張女子應有下列的六種權利，即：『入學之權利，交友之權利，營業之權利，掌握財產之權利，出入自由之權利，婚姻自由之權利』等。然大致當時的女界名人，自林宗素，楊錫綸，以至於秋瑾女士，多未能注重到婦女運動的實際問題，而但為『女國民』『女豪傑』的思想所籠罩。

上述戊戌政變以後，男女平權思潮雖已萌芽，然因婦女智識份子的寂寥，和因此思潮與革命思潮實相連合，故常受政府的壓迫，而發展極遲，直至辛亥革命期間，情勢始爲之一變。

中國婦女的實際運動，是發軔在民國紀元前的一年，國際婦女節的後二年，那時的中國婦女運動，還是含着民族意識的一種政治運動。

(二)辛亥革命期的婦女運動

辛亥武昌起義以後，數千年的君主專制的牢籠，算已攻破了牠的門牆，於是而各種被壓迫的人犯，拚命向有陽光的地方奔馳，婦女方面，以爲荷鎗衝鋒，是最光榮的革命工作，也是最有效的革命工作，於是相率組織軍隊，最著名的有女子北伐隊，女子軍事團，同盟女子經武練習隊等，其時女子北伐隊的宣言中，有『枕戈待旦，健男兒既奏宏猷，市鞍從軍，衆姊妹宜申義憤。』她們有意模倣男人，處處以弱於男人爲恥，組織軍隊，正所以表現她們的雄圖，然而不知不覺，就形成了一種『擬男』主義。

這『擬男』主義的中心思想，也還是要達到男女平權的目的，因爲她們以爲知識體魄，都能和男子一樣，則男女的平權，自可不成問題。她們主張：『戰爭未息，則進而荷戈於軍隊之間，共和告成，則進而效力於政客之列。』這樣，她們便有了爲婦女本身謀利益的企圖，卽欲列身於政治舞臺，以爲從政治着手，則男女平等的目的易於達到。故當南京臨時政府陸軍部解散女子軍隊之後，他們便都改組爲要求參政權的團體。南京參議院制定臨時約法之時，她們要求約法上規定男女平等的條文其請願書中有『欲弭社會革命之慘劇，必先求社會之平等，欲求社會之平等，必先求男女之平權，欲求男女之平權，非先與女子以參政權不可。』但元年三月十一日臨時約法公布，其中並無男女平等的規定。幾經女界請願修改，都沒有達到目的，於是而有三月二十日婦女搗毀參議院的暴舉。這不但中華歷史所絕無，在世界婦女運動史中，也是一個稀有的青天霹靂。

民國二年二次革命失敗後，男子都復返於專制政治之下，初出芽的女子參政權運動，當然歸於消滅，革新運動挫折，復古運動日張，而婦女方面自然復歸於賢妻良母的領域了。

這一期間，可謂女權運動的啓蒙時代。雖則當時的女界，知識淺陋，理論殊少可觀，而且從事運動的人，大抵爲中上流貴婦階級，對於婦女大衆，全然忽略，其幼稚缺陷無可諱言。尤其她們的擬男的行爲，有時竟近於荒誕，一切男子的動作，無論是豪放或是不德，都須尤而傚之，致使人感覺不快，備受各方的非難，而爲女權運動之累，實爲遺憾。然她們的勇氣，唾棄千年的陳舊思想，唾棄萬人的毒評，勇往直前，毫無顧忌。簡直是一粒猛烈的炸彈，投向死寂的守舊的婦女界，不管牠是使得人驚醒或恐懼退縮，總之，牠的影響是擴大了的，啓蒙時代的先驅，除了他們的熱烈的情緒和雄厚的膽力而外，誰又能多求他們縝密的理論和合軌的言行呢？

總之，辛亥革命以後，才注意到婦女自身的解放運動，起而要求「女子參政」「男女教育平等」「法律平等」「禁止納妾蓄婢」「婚姻自由」等等，但只一部分的婦女在高呼着而已。

(三)五四運動期的婦女運動

民國八年五四運動發生以後，女權運動，才又如日方昇，蓬蓬勃勃，繼續好些時候，一直接連到偉大的北伐時代，女權運動的復蘇，正如五四運動一樣，並非突如其來，自民國三年起了歐戰，半殖民地的中國，市場上少了些外洋貨物，本國的工商業漸漸擡頭，民衆的勢力，漸成不可侮的形勢。當時的雜誌，如新青年之類，在民國五年時，即已注意到婦女問題，有好些學者，均力持婦女爲「人」的議論。夾在渴望新環境的新人中的婦女，已經受到了他們所給予的刺戟。所以在五四事件發生的當時在那狂風疾雨似的熱潮中婦女以『獨立人』的精神加入其中者不知多少。

中國民族覺悟，既在五四吼了第一聲，接着便爲澈底的思想革命的新文化運動，這種運動的目的，是要建設民主政治科學思想個人主義的倫理實驗主義的哲學，這在婦女方面給了一個極大的心理的改造，在辛亥革命時期婦女是以變相的男子而求平權，而現在則是以女子的資格以女子同樣爲自由獨立的人的資格而發爲解放運動。

這時婦女在思想上固然起了大的變化，但在平權運動方面，卻並無強固的組織。其中的原因，是走出家庭的女子，仍屬極少數，其餘的人大抵尙未痛感社會待遇女性的不平，另一方面則因當時民衆運動，常爲當局所阻難，故婦女的組織亦不易發展。

不過，以後婦女解放運動這個問題也就哄動社會，引起一般人的注意。民國十年廣東的省憲法起草時，該省的婦女，因爲要求參政權，在黃花崗七十二烈士紀念的那一天（三月二十九日）舉行大示威運動，結果爭獲了參與市政的權利，是年八月，湖南省憲法成立，有少數婦女被選爲議員，其後，四川浙江兩省的新憲法，也規定婦女有投票選舉之權，這可說是婦女運動初步的成績，翌年夏季，北京的智識界婦女，發起『女子參政協會』及『女權運動同盟會』各省先覺的婦女，遂相繼組織提出女子『參政』『自由』『平等』『解放』等各種口號，此後且注意於勞動婦女的參加，以求婦女解放運動的澈底，婦女運動亦就由上層婦女而走入勞動羣衆的婦女隊伍中了。

迨民國十一年，又有兩個女權運動的團體出現：一是女子參政協進會，一是女權運動同盟會。現將她們的宣言，摘錄如下以比較她和辛亥革命期間女權運動者的差別。

女子參政協進會的宣言：

我們並不抱着參政權萬能的迷信，但是卻不能不把參政看作保障女子權利的最有功效的方法。我們也承認知識平等是權利平等的原因，但還須承認權利平等是達到知識平等地步的唯一方法……

本會的目的：（一）推翻專爲男子而設的憲法，以求女權的保障。（二）打破專以男嗣爲限的襲產權，以求經濟的獨立。（三）打破專治家政的教育制度，以求教育的平等……

女權運動同盟會的宣言：

我們婦女在這人民革命的時代，應該參加這種運動。這不但是我們的義務，而且也是我們的權利，同時更不要忽略了我們的特殊責任，就是女權運動。一切反抗強權的運動，都是革命的運動，我們的女權運動亦是一種革命的運動。

我們揭出下列的綱領，作我們女權運動的標的，依種種手段向此標的繼續着奮鬪。

(一)全國教育機關，一概爲婦女開放。

(二)女子與男子平等的享有憲法上人民應享的權利。

(三)法律上的夫妻關係、親子關係、承繼權、財產權、行爲權等，一依男女平等的原則，大加修改。

(四)制定男女的婚姻法。

(五)納妾者以重婚罪論。

(六)禁止公娼、禁止買賣婢女、禁止婦女纏足。

(七)依『同工同酬』及『保護母性』的原則，制定保護女工法。

這比較辛亥革命時期的女權運動思想的進步，不可以道里計了。

民國十三年，即西曆一九二四年，是中國婦女第一次參加三八國際婦女節的運動，當時中國國民革命發源地的廣東婦女在『三八』這天，集合婦女羣衆於廣州第一公園，舉行開會紀念，並整隊遊行散發傳單，她們的口號是『中國從半殖民地的境地解放出來，同等教育，同等工值，革除多妻制度，童養媳制度，娼妓制度，禁止蓄婢納妾，建立兒童保護的立法，保護勞動育兒婦和孕婦』等。從此廣東的婦女運動比較更有生氣，又因孫中山先生在這年北上，主張召集國民會議，和廢除不平等條約，上海及各地先進婦女，都奮勉參加，促成國民會議的運動，組織女界國民會議促成會，各派代表到北平去參加國民會議的促成大會，這時全國革命的婦女，成立一個全國各界婦女聯合會於北平。在民國十四年促成國民會議的高潮中，各地齊集在北京的婦女代表，遂協同當地婦女，在民國大學開會紀念三八國際婦女日，當時正段祺瑞開善後會議的時候，因所擬定的國民代表會議條例的草案，關於選舉權的規定是『凡中華民國男子年滿二十五歲具有相當智識者有選舉權與被選舉權』如此條文顯然將婦女摒除於國民會議之外，因此，當時會場中全體婦女，一致抗議，遊行示威，並包圍總統府，其時軍警奉命干涉，禁止集會，因而使一般婦女的態度更爲激昂。她們提出打倒帝國主義，打倒軍閥政治；同工同酬，確定一夫一妻制，女子有結婚離婚的絕對自由，反對片面虛僞的貞操，女子有擇業的自由，廢除娼妓，禁止販賣婦女，中國婦女聯合起來等口號。這次的運動，雖只在北京一地舉行，但事實上已有各省的婦女參加了。這年又因五卅慘案發生，全國無論男女學生及婦女團體，皆在這驚濤澎湃短兵相接的一刻，投身到民衆運動裏去。婦女的自覺便更加深了。

嗣後一方因都市工業的日興，他方因農村經濟的日竭，工廠女工的數目激增，同時西歐最新的思潮，亦已由我們開放了的思想的窗戶流入，故一般婦女運動，由知識婦女的參政運動，漸而爲普遍的解放運動，五卅慘案發生的當時，僅僅上海一隅，罷工的女工約有十萬，其餘天津、武漢、青島等處，爲數亦不在少。

繼五卅之後而有十五年的三一八慘案，是案死傷的人數，婦女多於男子，她們都雄糾糾地加入了國民革命的戰線之內。

這時南方各地已在革命的國民軍治下，對於所有的解放運動，都極力幫助，故婦女運動，亦有驚人的發展。

(四)北伐期的婦女運動

這一期，是我們整個的民族，由爬行而漸漸挺起身子直立的時期，所有的男女民衆，都發出了他們最大的狂熱最大的勇氣，同時也收到了最大的成效，我們對牠，一想起時便值得感激涕零，這一期，雖沒有特殊的，由兩性爭鬬觀念出發的轟烈的婦女運動，然而每一個機關，每一個團體，每一支軍隊，每一所農村……無論甚麼地方，有革命工作，便有婦女的勢力，她們自自然然形成了和男子同樣的人類，她們要求解放的對象，不是生理各異的男子，而是思想不同感情不同利害不同的帝國主義，軍閥，土豪等惡勢力。

這一期婦女的解放運動，當溯源於北伐軍出發之前。民國十三年第一次全國代表大會，便已有「於法律上經濟上教育上社會上確認男女平等之原則，助進女權之發展」的規定。以後中央黨部以至各地黨部，都有婦女部之設。廣東及香港，已有積極的活動。上海於是年秋間，成立上海各界婦女聯合會，江蘇各地的婦聯會，幾都與上海婦聯互通聲氣，而上海婦聯，則又暗與國民政府婦女部暗通聲氣。所以上述五卅、三一八等等事件之時，婦女會有那樣緊張的革命情緒。到革命軍已進至武漢及杭州等地，上海發生了一次空前的表示對革命軍熱烈的同情，和擾亂聯軍的後方的大罷工。十六年二月十八日至二十四日之間，罷工者總數達五十萬人，其中婦女將近二十萬。各女校學生，出入嚴重的巡防之下，罷課募捐或宣傳，人人都向同一的目標辛苦着，努力奮鬬。

至於婦女們除卻和男子共同擔負革命工作之外，又因傳統給與她們有特殊的束縛，爲了婦女本身的利益，而有下列的口號。

（一）男女教育平等。

（二）男女職業平等。

（三）男女在法律上絕對平等。

（四）男女工資平等。

（五）保護母性。

(六)保護童工。

(七)贊助勞工婦女的組織。

(八)反對多妻制。

(九)反對童養媳。

(十)離婚結婚絕對自由。

(十一)反對司法機關對於男女不平等的判決。

(十二)提倡社會對於再婚婦不得蔑視，須一律待遇。

(十三)女子應有財產權與承繼權。

(十四)婦女應急起參加國民革命。

十五年國民黨第二次全國代表大會席上，亦有如下的決議案：

甲　法律方面：

(一)制定男女平等的法律。

(二)規定女子有財產承繼權。
(三)從嚴禁止買賣人口。
(四)保護被壓迫而逃婚的婦女。
(五)根據結婚離婚絕對自由的原則制定婚姻法。
(六)根據同工同酬保護母性及童工的原則制定婦女勞動法。

乙 行政方面：

(一)切實提高女子教育。
(二)注重農工婦女教育。
(三)開放各行政機關容納女子職務。
(四)各職業機關開放。
(五)籌設兒童託寄所。

這一期間婦女的活躍，一直繼續到十七年全國統一，北伐告成爲止。牠的特色，不僅是特殊層的女權運動，而是整個的婦女解放運動。

中國過去的婦女運動，無論從那方面說，自中國國民黨出師北伐以來，確有長足的進展，試觀當時參加北伐軍隊及政治部的婦女，何等踴躍，她們拋棄學業，不顧一切，忍苦耐勞，甚且犧牲性命的也很多，她們毫無怨尤，因爲她們希望的代價，不但謀自身解放，是要求全體婦女的解放，和全體民衆的解放。

可惜此後婦女運動，爲受環境的影響，經過很久的消沉，甚且爲了一部分婦女，誤入歧途，致使婦運進展，受了不少的阻礙。我們以至誠希望婦女界再重振旗鼓，繼續努力，檢閱過去的一切，認清今後的目標，以求圓滿澈底的解放。

第三節　中國目前婦女運動各種意識的檢討

(一)自由主義派婦女運動

基於個人主義思潮與產業革命的兩大原因，婦女的覺醒次第實現的結果，發生婦女運動。

——中國女權運動至五四時代始如日方升，蓬蓬勃勃，以女子自由獨立人的資格而發爲解放運動，現在有許多婦女運動者，卻還保持着五四時代的關於婦女問題的見解，就是說她們的見解仍然限於參政權、教育權、職業權等等的獲得。這種看法不免太偏狹而且太注重於個人的利益。因爲在中國現況之下，多數的婦女最近切的問題，乃是生活的問題，其餘畢竟是次要的；要使婦女能獲得各種自由和權利，必先保障她們的生存。

婦女運動的主觀的動機往往是使婦女——參加婦運的婦女，由『家庭人』的地位，變爲『社會人』。然而婦女運動的客觀的需要卻不是那樣的簡單，參加婦運的婦女是要負起改造社會的重大使命的。倘使參加婦運的人們忘記了客觀的需要，而只單純的有了一些主觀的動機，她們便成了個人主義的婦女運動。結果，不但不能解放婦女甚至不能解放自己。

（二）法西斯派婦女運動

法西斯派注重男女間性的分工作，所以特別側重於賢妻良母的提倡。並且法西斯重戰鬭的精神，戰鬭的物質基礎爲人口的繁殖，爲獎勵人口繁殖起見，又有使婦女集中精力於妻母責任的必要。因爲他們卽有『婦女回到廚房，工作留着男子做』的口號。

（三）社會主義派的婦女運動

歷史告訴我們，男女並不是絕對不能平等，生理上的差異，決不能爲不平等的鐵律，原始社會時代，本是女性爲中心，但自生產工具逐漸發達以後，在生產過程中，生產勞動事業逐漸爲男性所執掌，經濟制度逐漸爲男子所支配，女子便失卻了獨立的權利。男子佔得社會上優越的地位，於是女子在男子優勢下過了數千年，自然而然成爲較弱的一性了！由此我們知道，男女的不平等，主要是由於社會經濟組織所造成的。倘使我們是準備爲婦女而運動，便該放大眼光，看到這佔婦女最大多數的平民婦女，更應該看到婦女運動不過是整個社會運動的一面。故在任何一國，婦女的解放實在是與平民的解放結合在一起的。在次殖民地的中國，整個的弱小民族沒有解放，婦女也談不到解放，所以中國參加婦運的人們，不應忽略中國所處的這種特殊情形。

第四節　中國婦女運動究竟走那一條路

根據世界婦女史的發展，根據世界婦女運動的趨向。根據中國婦女的現狀，中國婦女運動究竟應該走那一條路呢？這是目前婦女運動的一個先決的問題，每一個自覺的婦女，都應予以正確的解答。

決定着婦女運動的路線的，首先是婦女運動的中心任務的問題。中國目前婦女運動的中心任務是什麼？關於這問題，我們可以找得三種代表的意見：

（一）『婦女運動，就是婦女革命的意思，中國婦女運動；就是中國婦女起來革命。我們革命的範圍異常廣闊，我們希望從各方面的努力，把舊日原有的，不堪人道的種種生活推翻，重造一個新的生命』（劉王立明：中國婦女運動——商務一九二四——）

她們所『努力』的是女子參政權，女子經濟獨立，普及女子教育，改造婚姻與家庭，她們目前的任務只是：

『第一去解放那未得到自由平等的婦女，使她們也能同我們這些知識及中產階級以上的婦女一樣地能有作人的權利。

第二去聯絡全國所有的有思想的人士，將社會根本地改造一下，就如同人的身體淸血一樣，往更康健，更光明，更美麗的路上走去』（同書一四六頁）

在現在『新賢妻良母』和『婦女回到家庭去』的逆流下，新產生的另一種意見是：

(二)『本來所謂婦女運動，是肩荷着兩種意義：在消極方面，則其一般自覺下的婦女，爲謀解脫去男子依賴和隸屬的問題，在積極方面則除了婦女們自身的解放之外，更是與全民族的進展有着關聯的根本問題，換句話講，應該從事社會生產，並提倡其能力於民族國家。』（上海婦女協進會宣言申報二十三年十月二十三日）

她們並且主張『供給一般婦女們以解除此種對於男子的經濟的隸屬關係，與社會所賜與的重枷之必要的利器，卽智能，以期完成完全自由獨立的人，以爲充作社會的戰士的準備，而成遂其新賢妻良母之社會任務』（同上）

(三)『中國婦女問題，是與中國整個革命問題一樣，一方面反對資本家的剝削，一方面反對帝國主義對中國國民經濟的支配與壓迫。中國婦女——尤其是勞苦婦女須要參加整個勞動羣

衆的陣營，建設自己的新社會，婦女解放才能澈底成功。』（女聲第二卷九期文父的世界婦女運動的派別）

『他們（指倍倍爾和哥倫泰蔡特金等）最主要的論點，就是婦女問題爲社會問題之一，在整個社會問題沒有解決以前，婦女得不到解放。』（女聲第三卷一期君慧的現代婦女解放思想的考察）

可惜前者說到中國革命時，忘記了中國的現階段，後者在指出這派婦女運動的原則之後，忽以『……』代之，而沒有提出中國婦女運動的具體任務來，不過他們相同之點，認爲中國婦女運動的必須站在否定現社會的制度上，與中國整個社會運動，歸併起來，根本推翻壓迫婦女的社會，而造成新的沒有壓迫的社會，卻是很明顯的。但是進一步問婦女運動的中心任務是什麼？性質如何？誰是領導者？誰是主要的力量？如何才可以推翻這人壓迫人的社會？如何才可以建設新的沒有壓迫的社會？這，這正待前進的婦女去找答案：

歷史是前進的，歷史的發展雖不免一時受阻礙或逆轉，它的路程雖常迂迴曲折，但歷史的進步力量，實足以消滅反動力量而有餘，人類在走向更完美更自由的境界而趨，人類無分男女，無分階級的眞正自由平等的社會，還待今後的努力。

參考材料

呂叔湘譯初民社會（商務）
葉啓芬譯婚姻進化史（商務）
倍倍爾婦人與社會（沈端先譯開明）
陳東原中國婦女生活史（商務）
譚紉就中國離婚的研究
漂飛女性論（中華書局）
鍾貴陽中國婦女勞動問題（女子書店）
陳達中國勞動問題（商務）
樊英蘇聯婦女的生活（申報叢書）

李漢俊婦女之過去與將來（商務）
碧遙民國以來婦女運動（申報婦女園地）
君慧婦女問題講座（同上）
婦女與家庭（大公報）
三八特刊（婦女運動同盟會出版）
婦女共鳴月刊（第一卷第二卷合訂本）
女聲（第一卷第二卷合訂本）
婦女雜誌（第十六卷第五號）
東方雜誌（民國二十三、四年新年特大號）
婦女生活（第一卷第一、二期）
經濟統計月誌（第一卷第三期）